SCIENTOLOGY

TRO, PRAKSIS, ANDRE RELIGIONER OG AFHOPPERE

ISBN 978-84-124471-1-8

FoRB Publications (FoRB.PRESS) er tryksager fra Fundación para la Mejora de la vida, la Cultura y la Sociedad (Fonden til forbedring af livet, kulturen og samfundet), der er registreret med nummer 1780 i registret over fonde under protektorat af det spanske kulturministerium. Den er også anerkendt som en NGO med særlig rådgivende status i FN's Økonomiske og Sociale Råd (UN ECOSOC). Dette er en samling af artikler og rapporter, der oprindeligt blev offentliggjort af Church of Scientology International, som holder alle ophavsrettigheder.

Udarbejdelse, sats og udgivelse af Forb.Press

Photo credits: Cover photo by Wes Hicks on Unsplash

SCIENTOLOGY

TRO, PRAKSIS, ANDRE RELIGIONER OG AFHOPPERE

DR.PHIL. EMERITUS FELLOW I SOCIOLOGI
UNIVERSITY OF OXFORD

BRYAN R. WILSON

PUBLISHED BY FORB PUBLICATIONS

FØRORD

DENNE BOG ER EN SAMLING AF FIRE AF DE MEST KENDTE ARTIKLER skrevet af Dr. Bryan Ronald Wilson, som desværre forlod os i 2004, om emnet Scientology, komparative religionsstudier og sociologiske definitioner med en meget velgennemarbejdet sammenligning og analyse af kristendom, buddhisme, hinduisme og endda jainisme og en række nye religiøse bevægelser med særlig fokus på Scientology.

Forfatteren behandler også religion og nye religiøse bevægelser som social forandring, traditioner, intolerance mellem religioner og troværdighed eller mangel på samme fra tidligere medlemmer af religioner, de såkaldte "afhoppere".

I denne samling forsøger redaktørerne at kaste lys over ovennævnte emner.

REDAKTØRERNE
FoRB Publications

CONTENTS

FØRSTE SEKTION
*SOCIAL FORANDRING
OG NYE RELIGIØSE BEVÆGELSER*

APPENDIKS

FØRSTE SEKTION

SOCIAL FORANDRING OG NYE RELIGIØSE BEVÆGELSER

OM REDEGØRELSEN

I DENNE ARTIKEL, OPRINDELIGT UDGIVET I 1995, UNDERSØGER PRO-fessor Bryan Ronald Wilson sociale udfordringer, som nye religiøse bevægelser står over for, specielt problemet med intolerance. Når en ny religion bliver ældre, har den tendens til at opnå en større grad af accept i samfundet, fordi den betragtes som mindre anderledes eller afvigende. I tilfældet med Scientology Kirken anfører dr. Wilson, at den "kan vække mistanke", fordi dens teologi, praksis og kultur nogle gange er på kant med former for religion (typisk jødisk-kristne) i det vestlige samfund. Talrige eksempler er skitseret, herunder bekræftelse i Scientology Kirkens trosbekendelse, at menneskeheden ifølge sin natur er god, snarere end syndig eller fordærvet. "I en hurtigt skiftende verden, i hvilken sociale institutioner er i stadig forandring, er en fortsat og teoretisk uforandret rolle, funktion og form alene tilskrevet religion," skriver dr. Wilson. "Alligevel er der bevis for, at et stort antal personer søger og finder nye mønstre af religiøs praksis og nye opfattelser af religiøs sandhed og engagerer sig i ny åndelig søgen samt deltager i nye typer af religiøse organisationer." Scientology Kirken er helt sikkert en sådan ny religion baseret på dens uforlignelige ekspansion og udsagn fra dens medlemmer om daglige oplevelser af at have gavn af Dianetics og Scientology. ■

TRADITION FOR RELIGIØS INTOLERANCE

RA DEN TIDLIGE KRISTENDOM ARVEDE VESTLIGE SAMFUND EN kraftfuld og bevidst tradition for religiøs intolerance. Kristent engagement var præget af udelukkelse. Det proklamerede sig selv som den eneste sande tro og betragtede sig selv som berettiget til universelt troskab fra hele menneskeheden.

Det var en voluntaristisk tro, og med det formål at omvende og omfatte hele menneskeheden var den fra begyndelsen engageret i en uforsonlig mission.

Denne unikke konstellation af egenskaber differentierede tidlig kristendom fra andre samtidige religiøse bevægelser; fra jødedom som var etnisk baseret, og fra de fremherskende mysterie- og kejserlige sekter som var tolerante over for eller i det mindste ligeglad med andre religioner.

Den middelalderlige kristendom fastholdt aggressiv mission mod hedensk religion, tilhængere af disse skulle omvendes, men udviklede en endnu strengere politik med undertrykkelse af alle ulydige eller kætterske manifestationer af den kristne tro.

Kætteri kunne straffes med døden – en politik teologisk berettiget af Thomas Aquinas (1225-74) og ubønhørligt implementeret af inkvisitionen (indført i 1232 og til sidst bremset, i Spanien først i 1820).

Reformationen bragte nogen omend gradvis formindskelse af de grovere former for religiøs intolerance, men fjendtlighed mod "afvigende" udtryk for kristendommen varede ved i selv de mest liberale og avancerede protestantiske lande. ∎

OPLEVELSEN AF "NYE" BEVÆGELSER

DA AFVIGENDE FORMER AF KRISTEN TRO EFTER REFORMATIONEN opnåede en vis mængde stabile tilhængere og fremstod som nye religiøse bevægelser, stødte de næsten altid på ekstrem intolerance. Hutteritterne, som oprindeligt startede i Tyrol, blev gentagne gange slået ihjel og tvunget trinvis til at flygte fra det ene sted til det andet over hele Centraleuropa. Kvækerne i England led vedvarende chikane i slutningen af det 17. århundrede, og mange af dem blev fængslet for deres tro. De tidlige metodister i det 18. århundrede blev hyppigt overfaldet, og nogle af deres kirkesale brændt. Lokale ordenshåndhævere og dommere var ikke sjældent part i en sådan forfølgelse, de stimulerede pøbelen og betragtede disse lovlydige religiøse som syndere – snarere end som ofre. I slutningen af det 19. århundredes England blev de tidlige tilhængere af Frelsens Hær udsat for lignende fjendtlighed. På bare ét år blev mere end 600 af dens "soldater" angrebet af "bøller", som medlemmer af Frelsens Hær mente var ansporet af den indflydelsesrige bryggeriindustri. I løbet af nogle få år blev på den anden side et lignende antal Frelsens Hær-personale fængslet på tvivlsomme og måske falske anklager såsom at spærre landevejen. I Schweiz i 1890'erne blev de tiltalt for bedrageri og økonomisk udnyttelse, anklager i lighed med dem som var blevet brugt imod mormonkirkens missionærer i Skandinavien tidligere i århundredet.

Tidligt i det 20. århundrede blev opposition til nogle nye religioner udtrykt i forskellige former: Christian Science (Kristen Videnskab) var bittert fordømt både for deres påstande om, at åndelig helbredelse og nægtelsen af realitet af materie, men fordømmelse var stort set litterær spændende fra satire af Mark Twain til alvorlige angreb af den ansete historiker H.A.L. Fisher, blandt et sandt bibliotek af fjendtlige kommentarer fra gejstlige, læger og i lettere grad en genre af smædeskrifter, tegneserier og satiriske romaner. Opposition til Jehovas Vidner, stadig anset som en ny bevægelse i første halvdel af det 20. århundrede, var ofte mere fysisk udtrykt. De var udsat for masse-vold i USA under anden verdenskrig, og nogle af dem blev dyppet i tjære og rullet i fjer. De blev forfulgt for at nægte at gøre honnør for flaget og synge nationalsangen ikke kun i USA, men i lande så forskellige som Malawi, og deres militærnægtelse gjorde dem retsforfulgt i Frankrig, Spanien og Grækenland selv i de seneste årtier. I Quebec blev denne generelt lovlydige sekt skånselsløs forfulgt af regeringens ordenshåndhævere i løbet af 1940'erne og '50'erne på baggrund af en bred vifte af påståede overtrædelser af loven. Eksemplerne kunne blive mangedoblet – de tjener til at illustrere den fortsatte udbredelse af religiøs intolerance og den tilbagevendende opposition til nye religiøse organisationer og nye opfattelser af religiøs praksis.

Hvad, alle disse eksempler har til fælles, er, at disse forfulgte sekter alle på deres tid var relativt nye mindretals religiøse bevægelser. Fordi de nedværdigede sig til at afvige fra en eller anden forskrift fra etableret religion eller valgte at have deres egne forestillinger om guddom, frelse og tilbedelse, eller fordi de udfordrede normer for det moderne, verdslige samfund, blev de genstand for mistillid og blev betragtet som kilder til sociale forstyrrelser. ■

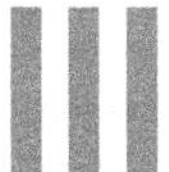

MODERNE OG NYE RELIGIØSE BEVÆGELSER

MED TIDEN TENDERER DE, DER ENGANG VAR NYE RELIGIØSE bevægelser, til at opnå større social accept. De sekter og bevægelser, der var nye for et århundrede eller mere siden – syvende dags adventister, mormoner, Jehovas Vidner og andre, blev velkendte og mere eller mindre accepterede. Selvom de ofte er ofre for social kritik, har de fået mere og mere lov til at fungere på deres egen måde. Men diskrimination og opposition varer ved og fokuserer som tidligere på nye religiøse organisationer. I de sidste fem årtier er antallet af nye religioner i det vestlige samfund forøget drastisk. Nogle er afledt fra varianter af større orientalske trosretninger, andre er dukket op fra eklektiske, nye genfortolkninger af elementer i forskellige religiøse traditioner. Atter andre har trukket på indfødt folkelig religion eller påstår at være moderne sammensætninger af gammelt hedenskab. Og andre forekommer som åndelige reaktioner på fremskridt i naturvidenskab, kommunikationsteknologi og forskellige former for mental terapi. Mange søger at vække og frigøre menneskeligt potentiale og at opøve en åndelig dimension for den mere og mere verdslige oplevelse i det moderne samfund. Forskere på dette område lægger enstemmigt vægt på alsidigheden af disse nye bevægelser, hvor de fleste kun har det til fælles, at de er opstået nogenlunde på samme tid. Og hvad der tilsyneladende er en tendens, der er tydelig i medierne og i udtalelser om dette emne af offentlige personer, bliver for alle nye religiøse bevægelser slået sammen, som hvis de tilpassede sig til et bestemt stereotypt billede. At denne indstilling i sig selv er skadelig for fair behandling af nye religioner må være indlysende. Når – med rette eller urette – en bevægelse er åbent anklaget for handlinger eller holdninger imod almenvellet, tenderer påstanden let til at blive overført til alle sådanne bevægelser, hvor offentligheden i almindelighed ikke er godt informeret vedrørende deres specifikke holdninger og aktiviteter. Siden disse bevægelser kun er lidt kendte, samler misforståelser, rygter, myter og bagtalelser sig let omkring deres ry. På grund af den måde, medierne i sig selv opererer på, tenderer en påstand, som engang blev lavet, til at blive gentaget, da journalister, som ofte støtter sig til tidligere rapporter fra medierne, hvad enten autentificeret eller ej, gentager et velkendt historieforløb og så frembringer, hvad sociologer har kaldt "negativt resumé af begivenheder". ∎

IV

INDFLYDELSEN FRA PATOLOGISKE TILFÆLDE

ET LILLE ANTAL DRAMATISKE OG HELT ATYPISKE EPISODER HAR forværret skabelsen af fjendtlige reaktioner mod nye religioner. Om Charles Manson-familien, som begik grufulde mord i Californien, eller Symbionese Liberation Army (Befrielseshær) som var engageret i terroristaktiviteter, i nogen korrekt betydning var religiøse bevægelser, er diskutabelt, men medierne beskrev dem gerne som sådan. Jim Jones, central figur i Jonestown-tragedien i Guyana i 1978, var en religiøs præst – men fra en etableret trosretning,

Disciples of Christ, ikke af en ny religiøs bevægelse. Waco-massakren i 1993, Soltemplets Orden-episoden i Canada og Schweiz i 1994 og de dødelige aktiviteter i Japan af Aum Shinrikyo i 1995 var patologiske fænomener vedrørende nye religioner – men af bestemte bevægelser, ikke vedrørende nye religioner i almindelighed. Sådanne begivenheder er heldigvis sjældne og skal ses i perspektiv: Givet de bogstaveligt talt tusindvis af nye religioner, der fungerer i avancerede industrielle samfund (vestlige lande og Japan), kan bizarre episoder af denne art betragtes som yderst enestående.

Alligevel, fordi disse tragedier dybt har såret den offentlige bevidsthed og – ikke altid med fuld berettigelse – fordi de er blevet tillagt nye religiøse organisationer, har billedet af alle sådanne bevægelser tenderet til uberettiget at blive negativt påvirket. Dog er det et faktum, at de fleste nye religiøse grupper fungerer som harmløse kilder til moralsk, social og åndelig støtte for sine tilhængere helt på afstand af opfattelser, der er blevet skabt i den moralske panik, som er blevet vakt om nye religiøse grupper. ∎

V
INKONSEKVENTE ANKLAGER

UD OVER DEN FJENDTLIGHED, DER ER BLEVET STIMULERET AF DEN kendsgerning, at en religion er "ny" (i samfund hvor den fremherskende generelle antagelse er, at religion nødvendigvis er "gammel"), er det udvalg af moderne og nye religioner sådan, at hver af dem kan angribes for nogle specifikke træk for sig selv. Sådanne anklager kan afvige til et punkt med ren inkonsekvens. Mens nogle nye religioner, som opfordrer deres medlemmer til at involvere sig i etablerede dagligdags aktiviteter, tiltrækker kritik, for de siges at virke til "at infiltrere" større sociale institutioner og virksomheder, bliver andre grupper, der praktiserer kommunitarisme, fordømt for deres separate samfundslivsstil og for at tage folk ud af det etablerede samfund. Nogle er skældt ud for deres hedonistiske orientering og deres eftergivende holdninger til seksualitet samt brug af stoffer; andre får ikke mindre fjendtlig fordømmelse for at få unge mennesker til at opretholde en meget asketisk måde at leve på. I en tid, hvor en bred vifte af sociale kræfter stimulerer opløsningen af den moderne familie, er det nye religioner, der ofte udpeges til at stå over for anklagen, at de "splitter familier". Den slags anklager bliver bestandigt rettet mod nye bevægelser måske uden større berettigelse, end når lignende anklager blev gjort imod munkesamfunds-bevægelser i tidligere århundreder. ■

" Scientology Kirken, som kontrast, hævder, at åndeligt udbytte kan blive realiseret i det nutidige liv. Scientology anfører, at alle ifølge iboende natur er gode, og underviser i, at alle skal tage ansvar for sit eget liv og aktiviteter."

VI

OPPOSITION MOD SCIENTOLOGY

ET UDVALG AF FORSKELLIGE BEKYMRINGER SYNES AT HAVE STIMUL-eret opposition til Scientology inklusive dem, der som regel vækkes i forbindelse med nye religioner i almindelighed.

For det første kan Scientology vække mistanke, fordi den påstår at udlede åndelig indsigt fra anvendelse af rationelle procedurer. De, der går ind for traditionel religion, betragter almindeligvis religiøse værdier som helt ud over det rationelle og bliver måske stødt af den idé, at religiøse sandheder eller åndeligt udbytte kan opnås gennem tekniske midler – midler forskellig fra deres egen hellige opfattelser af tilbedelse og moral. Rationelle procedurer og systematisk indlæring karakteriserer videnskab, teknologi og økonomi snarere end en søgen efter gammel, religiøs sandhed eller åndelig oplevelse. Fordi Scientology forbinder åndelige mål og rationelle, tekniske (og faktisk teknologiske) midler, tenderer de, der går ind for etableret religion, til at fordømme den som ikke ”virkelig” religion. De betragter den som falsk, fordi den udnytter moderne viden snarere end gamle formler, minimerer eller giver afkald på så almindelige religiøse begreber som sakralitet og ritual og antager en pragmatisk orientering til at forfølge religiøse mål. Idet de ignorerer det omfang, som religiøs given og donationer er nødvendige for alle religiøse organisationer, ser de også, at i Scientology kræves tilhængere at betale for udgifterne til deres undervisning som alt for handels- og forretningsagtigt, for direkte et spørgsmål om betaling for service til, at det er passende for en religion. Derfor bliver de økonomiske arrangementer af Scientology repræsenteret som udbyttende og diskvalificerer derfor den bevægelse som en religion. Men dem, der fremkommer med sådan kritik, erkender ikke, at i etablerede kirker udføres bydende finansielle krav uundgåeligt rettet mod tilhængere, som i betaling for en messe i den katolske kirke, i indførte velgørenhedskontrakter i nogle protestantiske trosretninger eller i tiende afkrævet i fortiden af de større kirker, og som stadig kræves i utallige kristne sekter. Disse opkrævninger synes kun at være af en anden slags, fordi betalingsprocedurerne ofte er stadfæstet gennem gammel skik eller er blevet stadfæstet gennem bibelsk hjemmel. Kritikere af de økonomiske arrangementer af Scientology Kirken ignorerer den fundamentale, funktionelle lighed mellem de økonomiske procedurer af traditionelle religioner, ganske enkelt fordi formen adskiller sig og i kraft af den ælde og hellighed, som de normalt er iklædt.

For det andet lover Scientology terapeutisk fordel i at frigøre enkeltpersoner fra virkningen af tidligere traumatiske oplevelser. Det løfte kan forekomme konventionelle udøvere af psykiatri at være en udfordring både til de teoretiske antagelser i deres praksis og mere specielt til de teknikker, de anvender. Derfor er to grupper af fagfolk, gejstlige og psykiatere, som kan siges at have personlige interesser i disse sager, tilbøjelige til at stimulere opposition mod Scientology, og hver af dem har en bredere kreds af professionelle (lærere og læger for eksempel) og af et stadig bredere publikum af lægfolk, som de kan påvirke.

For det tredje beslutter nogle af dem, der tager imod Scientology, at gennemgå yderligere uddannelse for at blive kvalificerede Scientology auditorer og opgive mere konventionelle karrieremuligheder. Forældre, slægtninge og venner, der ikke er indviede i Scientology, kan se på en sådan beslutning med ængstelse. Hvis et køligt forhold til familie og venner følger sådan et religiøst valg, som det nogle gange har været tilfældet, giver dette yderligere ammunition for dem, der er imod denne nye religion – det bliver i deres øjne "en kult, der splitter familier".

For det fjerde kan et mere generelt og diffust aspekt af den kulturelle etik af Scientology stimulere yderligere opposition. Traditionel kristendom arver en bred asketisk orientering til verden og har dyrket, udover kirkerne eller deres menigheder, antagelser om den essentielle karakter af sand religion, nemlig at religion bør være højtidelig, fremme en asketisk etik og være bundet til opofrelse af jordnære bekvemmeligheder i den interesse at forberede belønning i et liv efter døden. Den har været optaget af at indgyde mennesket en følelse af sin iboende syndighed og sin manglende evne til gennem sine egne anstrengelser at opnå frelse. I stedet blev folk pålagt kun at være afhængig af en frelsergud. Scientology Kirken, som kontrast, hævder, at åndeligt udbytte kan blive realiseret i det nutidige liv. Scientology anfører, at alle ifølge iboende natur er gode, og underviser i, at alle skal tage ansvar for sit eget liv og aktiviteter. For kirkerne er en religion, som afviser menneskehedens iboende syndighed, allerede en fornærmelse, men denne udfordring bliver ikke mindre af den kendsgerning, at den etik, som Scientology omfatter, har meget tættere affinitet med etos fremherskende i den verdslige, vestlige verden fra slutningen af det 20. århundrede, en etos med eftergivende hedonisme, understregende menneskelig lykke og opmuntring for folk til at realisere deres fulde potentiale. Selv mange ikke-religiøse mennesker, der accepterer en verdslig, hedonistisk orientering til verden, er ikke rede til at anerkende en doktrin som religion, som opgiver den højtidelige fordømmelse af hele menneskeheden som syndere, og, så lidt som de måske bevidst accepterer den traditionelle kristne position, modsætter de sig ikke desto mindre en religion, som i disse fundamentale sager adskiller sig fra det. Fordi nogle endnu ikke er klar til at opgive det traditionelle syn på verden, og fordi andre mener, at selvom de ikke selv støtter den etik, er det ikke desto mindre et anliggende for religion at gøre det, så drages meget forskellige sektioner af offentligheden sammen i opposition mod den nye Scientology religion. ■

VII
SOCIAL FORANDRING OG RELIGIØSE REAKTIONER

DET ER EN GENEREL KARAKTERISTIK AF DE ETABLEREDE RELIGIONER at understrege deres ælde. Denne påstand er intimt forbundet med den tro, at der er varige sandheder, evige sandheder, og den vage, men kraftfulde idé, at autentisk visdom kommer fra en uspecifik ur-fortid. På samme tid er der en udbredt bevidsthed om det ubønhørlige i mange aspekter af det sociale liv med uigenkaldelig forandring. Når den økonomiske og industrielle orden gennemgår så hurtig og mærkbar forandring, når den sociale struktur manifesterer en kontinuerlig proces af gentilpasning, når større sociale institutioner – statssamfund, loven, uddannelse, fritid og endda familien – alle oplever både konstant ubevidst tilpasning og programmer med bevidste reformer, ville det være usædvanligt, hvis ikke religiøse idéer og organisationer undergår lignende processer for forandring og nyskabelse.

Det gør de til trods for ælde og tradition. Alligevel er den antagelse så forankret, at religion bør være, som liturgien udtrykker det, "som det var i begyndelsen, er nu og i al evighed skal være", at aktører i andre sociale institutioner finder det er vanskeligt at komme overens med idéen om nye religioner eller nyskabende procedurer, som disse religioner arbejder for. Lovens håndhævere arbejder med udslidte definitioner, der blev etableret af retspraksis, der strækker sig ind i den fjerne fortid, så selv den juridiske opfattelse af, hvad der kunne udgøre religion, er forvirret og udlevet. Politikere, følsomme over for uro i offentligheden når af hvilken som helst grund nye religioner bliver angrebet i massemedierne, fremmaner let konventionelle og etablerede antagelser om, hvordan religion er. Journalister spiller på disse meget diffuse, traditionelle forestillinger, når religiøse forhold periodisk kan blive ophøjet til sager af større offentligt anliggende. På trods af bestræbelser på at bringe sin egen religiøse optræden "ajour" ser den religiøse institution i sig selv generelt med mistro på innovative udviklinger, som finder sted uden for kirkernes rammer. I en hurtigt skiftende verden, i hvilken sociale institutioner er i stadig forandring, er til religion alene tilskrevet en fortsat og teoretisk uforandret rolle, funktion og form.

Alligevel er der bevis for, at et stort antal personer søger og finder nye mønstre af religiøs praksis og nye opfattelser af religiøs sandhed og engagerer sig i ny åndelig søgen og deltager i nye typer af religiøs organisation. Selvom mange af de store kilder til den offentlige mening og indflydelse stadig er bundet til det gamle klichéagtige billede af religion, er oppositionen til nye religiøse bevægelser, hovedsageligt fordi de er nye, ensbetydende med modstand mod selve processen med social og religiøs udvikling i sig selv. ■

BRYAN R. WILSON (1995)

Alligevel er der bevis for, at et stort antal personer søger og finder nye mønstre af religiøs praksis og nye opfattelser af religiøs sandhed og engagerer sig i ny åndelig søgen og deltager i nye typer af religiøs organisation.

ANDEN SEKTION

FRAFALDNE OG NYRELIGIØSE BEVÆGELSER

OM REDEGØRELSEN

I SIN ARTIKEL FRA 1994 BESKRIVER PROFESSOR BRYAN RONALD WILSON kort historien om frafaldne – for eksempel i den romerskkatolske og protestantiske kristne kirker – som et middel til at sammenligne moderne forståelser af apostasi med hensyn til nye religiøse bevægelser. Ifølge Dr. Wilson burde frafaldne (tidligere medlemmer) af nye religiøse bevægelser betragtes med skepsis af akademikere og medier. "Den frafaldne", forklarer han, "har almindeligvis brug for selv-retfærdiggørelse. Han søger at rekonstruere sin egen fortid, at undskylde sine tidligere tilhørsforhold og at bebrejde dem, der tidligere var hans nærmeste bekendte. Det er ikke ualmindeligt, at frafaldne lærer at indstudere en 'skrækhistorie' til at forklare, hvordan han ved manipulation, fup, tvang eller bedrageri var tilbøjelig til at slutte sig til eller forblive inden for en organisation, som han nu afsværger og fordømmer. Frafaldne, der er gjort til sensationer af pressen, har nogle gange forsøgt at skabe profit af beretninger om deres oplevelser i historier solgt til aviser eller udgivet som bøger (nogle gange skrevet af 'spøgelsesforfattere') ... Hverken den objektive sociologiske forsker eller en domstol kan uden videre betragte den frafaldne som en troværdig eller pålidelig kilde til vidnesbyrd", konkluderer dr. Wilson. "Som forskellige tilfælde har vist, er han tilbøjelig til at være suggestibel og klar til at forstørre eller pynte på sine klagepunkter for at tilfredsstille den slags journalister, hvis interesse mere ligger i sensationelt stof end en objektiv redegørelse af sandheden." ■

" I de seneste årtier med fremkomsten af så mange nye religiøse grupper, som gør stærkt krav på loyalitet fra deres medlemmer, er apostasi blevet noget, massemedierne giver betydelig opmærksomhed. Den frafaldnes historie, hvor han normalt præsenteres som et offer, ses som godt nyhedsstof."

VIII

FRAFALDNE OG NYRELIGIØSE BEVÆGELSER

Hver eneste religion, der gør krav på en bestemt lære og praksis, som den betragter som udelukkende sin egen, er tilbøjelig til at stå over for det faktum, at fra tid til anden vil nogle tidligere medlemmer droppe deres troskab og holde op med at tilslutte sig troens formaliteter, hvad angår i det mindste noget af, måske hele dens lære, praksis, organisation og disciplin. Frafald har været et almindeligt fænomen inden for de forskellige trosretninger i den jødisk-kristne-muslimske tradition. Hver ny splittelse fra et allerede etableret trossamfund har haft tilbøjelighed til at blive set af dem, fra hvem udbryderne har skilt sig ud, som et tilfælde af frafald. Der har været dramatiske tilfælde i stor skala som i det såkaldte "Store Skisma" mellem de østlige (ortodokse) og vestlige (katolske) kirker og i fremkomsten af protestantismen under reformationen. (Det skal tilføjes bare for en ordens skyld, at de anderledestænkende og afvigende parter generelt ikke mindre ofte har anklaget de, der blev tilbage i tidligere etablerede organisationer for frafald i forhold til en tidligere udlagt standard for tro og praksis). Givet antallet af religiøse organisationer i kristendommen som opstod fra splittelse, må det stå klart, at apostasi (frafald) har været udbredt og almindeligt.

*"Den frafaldne har almindeligvis brug for selv-
retfærdiggørelse. Han søger at rekonstruere sin egen fortid,
at undskylde sine tidligere tilhørsforhold og at bebrejde
dem, der tidligere var hans nærmeste bekendte."*

Det er dog ikke alle tilfælde af apostasi, der resulterer i udformning af en afvigende og separat religiøs gruppe eller sekt. Apostasi kan ikke mindre betragtes at opstå, når en enkelt tidligere troende giver afkald på løfter og sit tidligere religiøse tilhørsforhold. I slutningen af det 19. og begyndelsen af det 20. århundrede på et tidspunkt med krise i den kristne tro var der nogle berømte tilfælde af frafald fra den romerskkatolske kirke. De blev betegnet som forekommende i den kirke på grund af strenghed i dens krav om tro og praksis, på grund af dens modstand mod den såkaldte modernisme og navnlig fordi den opfordrede sine mest hengivne tilhængere til at slutte sig til klosteragtige ordner eller menigheder. Nogle af de mere slibrige historier om klosterlivet, angiveligt fortalt af frafaldne munke og nonner – det berømte tilfælde med Maria Monk blev bredt udgivet – viste sig stort set at være opdigtet, men blev brugt meget af anti-katolske propagandist-medier på den tid. I vore dage med religiøs pluralisme, hvor en økumenisk ånd er fremherskende blandt mange af de store kristne trosretninger, og hvor såkaldte "skift" af loyalitet fra en af disse bevægelser til en anden ikke er ualmindeligt, er en anklage for apostasi mindre hyppigt hørt. Men siden ca. 1960, med forekomsten i det vestlige samfund af forskellige nye mindretalsbevægelser, der har en særegen religiøs lære, og som kræver en stærk følelse af specifikt engagement, vil et medlem, der bryder væk, være tilbøjeligt til at blive betragtet som frafalden og så meget desto mere selvfølgelig, hvis det medlem så går videre til latterliggørelse eller til at udsætte sine tidligere overbevisninger for hård kritik og rakke ned på dem, der tidligere var vedkommendes nære omgangskreds.

I de seneste årtier med fremkomsten af så mange nye religiøse grupper, som gør stærkt krav på loyalitet fra deres medlemmer, er apostasi blevet noget, massemedierne giver betydelig opmærksomhed. Den frafaldnes historie, hvor han normalt præsenteres som et offer, ses som godt nyhedsstof for medierne, specielt hvis han tilbyder at "afsløre" aspekter og måske hemmeligheder fra bevægelsen, som han tilhørte. Som følge heraf får frafaldne måske en uberettiget interesse fra medierne, specielt når de er i stand til at præsentere deres tidligere tilhørsforhold både med hensyn til deres egen sårbarhed og manipulation, bedrag eller tvang udøvet af ledere og medlemmer af bevægelsen, de blev rekrutteret til.

"Hverken den objektive sociologiske forsker eller en domstol kan uden videre betragte den frafaldne som en troværdig eller pålidelig kilde til vidnesbyrd. Han skal altid ses som en, hvis personlige historie disponerer ham til fordomme."

Fordi disse beretninger ofte er den eneste information, der normalt er til rådighed for den brede offentlighed om mindretalsreligioner og helt sikkert den mest udbredte information, bliver den frafaldne en central figur i meningsdannelsen (eller misinformation) i det offentlige rum vedrørende disse bevægelser.

Akademisk lærde interesserede i religiøse minoriteter, og i særdeleshed sociologer i hvis område dette emne specielt ligger, udfører normalt deres akademiske efterforskninger gennem forskellige anerkendte metoder. De samler deres data ikke kun ved forskning og studie af trykt materiale og dokumenter, men også gennem deltagende observation, interview, spørgeskemaer og, relevant for sagens kerne her, fra informanter. Frafaldne er ofte meget villige informanter, men sociologer udøver almindeligvis betragtelig forsigtighed med hensyn til denne mulige kilde til vidnesbyrd. Som jeg har skrevet andetsteds i omtale af sociologens teknikker til undersøgelse:

> Informanter, der kun er kontakter, og som ikke har personlige motiver for, hvad de siger, er at foretrække frem for dem, der for egne formål søger at bruge forskeren. Den utilfredse og den frafaldne er specielt informanter, hvis vidnesbyrd skal bruges med omtanke. Den frafaldne har almindeligvis brug for selv-retfærdiggørelse. Han søger at rekonstruere sin egen fortid, at undskylde sine tidligere tilhørsforhold og at bebrejde dem, der tidligere var hans nærmeste bekendte. Det er ikke ualmindeligt, at frafaldne lærer at indstudere en "skrækhistorie" til at forklare, hvordan han ved manipulation, fup, tvang eller bedrageri var tilbøjelig til at slutte sig til eller forblive inden for en organisation, som han nu afsværger og fordømmer. Frafaldne, der er gjort til sensationer af pressen, har nogle gange forsøgt at skabe profit af beretninger om deres oplevelser i historier solgt til aviser eller udgivet som bøger (nogle gange skrevet af "spøgelsesforfattere"). [Bryan Wilson, The Social Dimensions of Sectarianism, Oxford: Clarendon Press, 1990, side 19.]

Sociologer og andre forskere i mindretalsreligioner er således kommet til at genkende en speciel konstellation af motiver, der tilskynder frafaldne i den holdning, de antager i forhold til deres tidligere religiøse engagement og deres nyere afkald på det. Den frafaldne skal etablere sin troværdighed både med hensyn til hans tidligere omvendelse til en religiøs gruppe og hans efterfølgende opgivelse af det engagement. At retfærdiggøre sig selv med hensyn til hans kovending kræver en troværdig forklaring af både hans (sædvanligvis pludselige) tilslutning til sin tidligere tro og hans ikke mindre pludselige opgivelse og fordømmelse af den. Akademikere er blevet opmærksomme på "skrækhistorien" som en karakteristisk genre for frafaldne og er endda kommet til at se den som en genkendelig kategori af fænomener [A.D. Shupe, Jr. og D.G. Bromley, "Apostates and Atrocity Stories", i B. Wilson (ed.), The Social Impact of New Religious Movements, New York, Rose of Sharon Press, 1981, siderne 179-215].

Den frafaldne repræsenterer typisk sig selv som introduceret til sit tidligere tilhørsforhold på et tidspunkt, hvor han var specielt sårbar – deprimeret, isoleret, mangler social eller økonomisk støtte, adskilt fra sin familie eller en anden sådan omstændighed. Hans tidligere kolleger bliver nu skildret som havende overtalt ham med falske påstande, bedrag, løfter om kærlighed, støtte, forbedrede udsigter, forøget velbefindende eller lignende. Faktisk, fortsætter den frafaldnes historie sig, var de falske venner, der kun søgte at udnytte hans velvilje og skaffe sig lang arbejdstid uden løn fra ham eller hvad end penge eller ejendom, han besad. Derfor præsenterer den frafaldne sig selv som "et stykke brænde, der er trukket ud af ilden", som ikke var ansvarlig for sine handlinger, da han blev indført i sin tidligere religion, og som værende "kommet til fornuft", da han forlod den.

I bund og grund er hans budskab, at "givet den situation kunne det være sket for enhver". De er fuldt ansvarlige, og de handler med overlæg mod intetanende, uskyldige ofre. Ved en sådan fremstilling af sagen overflytter den frafaldne ansvaret for sine tidligere handlinger og søger at blive genintegreret i det bredere samfund, som han nu forsøger at påvirke og måske mobilisere imod den religiøse gruppe, som han for nylig har forladt.

Nye bevægelser, som er relativt ukendte i deres skrifter og praksisser, og hvis anskuelser og organisation er udformet i udtryk, som er nye eller nyligt antaget, er mest udsatte for offentlig mistanke, hvis de har en hemmelig eller uafsløret lære eller ser ud til at være ualmindeligt flittige til at søge konvertitter eller har en bestemt appel til en eller anden del af samfundet (f.eks. unge, studerende, etniske minoriteter, indvandrere osv.), eller hvis løfterne om gavn for troende overstiger hverdagens forventninger for det brede publikum, så kan de let blive genstand for hård offentlig kritik eller endda fjendtlighed.

Skrækhistorier fra frafaldne, specielt når de forstørres af pressens sensationalistiske orientering, fremmer disse tendenser og forbedrer nyhedsværdien af yderligere skrækhistorier. Aviserne er velkendte for at sammenfatte tidligere sensationalistiske beretninger, når de finder nye historier i samme stil om bestemte bevægelser – en praksis udpeget af nogle sociologer som brugen af "negativt resumé af begivenheder". ["Dette henviser til den journalistiske beskrivelse af en situation eller begivenhed på en sådan måde at opfange og udtrykke dens negative essens som del af en periodisk og langsomt fremadskridende historie. En tilsyneladende isoleret hændelse bruges derved som en anledning til at holde det bredere, kontroversielle fænomen i offentlighedens bevidsthed." – James A. Beckford, Cult Controversies: The Societal Response to New Religious Movements, London, Tavistock, 1985, side 235]. Ved dette menes, at den dramatiske betydning af hver frafaldens historie bliver forstærket i dens signifikans til skade for objektiv og etisk neutral undersøgelse af religiøse fænomener af den slags, der foretages af akademiske sociologer. Moderne religiøse organisationer, der opererer i forbindelse med en hurtig social forandring og skiftende opfattelser af religiøse og åndelige overbevisninger, er tilbøjelige til at være specielt udsatte for den nedvurdering og vildledning, der sker gennem cirkulationen og gentagelsen af beretninger fra frafaldne

Hverken den objektive sociologiske forsker eller en domstol kan uden videre betragte den frafaldne som en troværdig eller pålidelig kilde til vidnesbyrd. Han skal altid ses som en, hvis personlige historie disponerer ham til fordomme med hensyn til både hans tidligere religiøse engagement og tilhørsforhold; der må melde sig en mistanke om, at han handler ud fra en personlig motivation for at retfærdiggøre sig selv og genvinde sin selvrespekt ved at fremvise sig selv først som havende været et offer, men derefter at være blevet en frelst korsfarer. Som forskellige tilfælde har vist, er han tilbøjelig til at være suggestibel og klar til at forstørre eller pynte på sine klagepunkter for at tilfredsstille den slags journalister, hvis interesse mere ligger i sensationelt stof end en objektiv redegørelse af sandheden. ■

TREDJE SEKTION

SCIENTOLOGY KIRKENS CEREMONIER OG KIRKELIGE HANDLINGER

OM REDEGØRELSEN

I DENNE JURIDISKE UDTALELSE FRA 2002 EVALUERER PROFESSOR BRYAN Ronald Wilson, om Scientology Kirkens menighedstjenester fortjener betegnelsen religionsudøvelse og sammenligner dem med andre traditioner. Han konkluderer, at Scientology tjenester udgør dyrkelse, men påpeger, at dyrkelse i den judæisk-kristne betydning af det udtryk ikke er almindeligt udbredt i alle religioner, såsom buddhisme og unitarisk universalisme. Som dr. Wilson skriver:

> "Givet at scientologer tror på et Højeste Væsen, og at deres ceremonier og kirkelige handlinger omfatter udtryk for ærbødighed og respekt for det Højeste Væsen og søger det Højeste Væsens mellemkomst gennem bøn, konkluderer jeg, at Scientologys ceremonier og kirkelige handlinger i dag faktisk opfylder de snævre kriterier for religionsudøvelse ... selvom ceremonier og tjenester for nogle større, almindeligt anerkendt religiøse trosretninger ikke opfylder disse kriterier."

Scientology kirker tilbyder søndagssamling såvel som Dianetics og Scientology servicer syv dage om ugen, i kirker i over 167 lande. ∎

IX

SCIENTOLOGY KIRKENS CEREMONIER OG KIRKELIGE HANDLINGER

JEG ER BLEVET BEDT OM AT GENNEMGÅ DEN MÅDE, HVORPÅ CEREMOnier og kirkelige handlinger i dag udføres i Scientology Kirken, og at evaluere disse tjenester i lyset af Appelrettens kendelse i 1970 i retssagen R mod Registrar Generalex parte Segerdal og med henvisning til de samme kriterier at sammenligne Scientologys religiøse tjenester med dem fra andre trosretninger, som for øjeblikket har steder for religionsudøvelse registreret af Registrar General.

SCIENTOLOGYS CEREMONIER OG KIRKELIGE HANDLINGER

Den glade tilbøjelighed til at takke, som hersker i Scientology søndagssamlinger og fredag aften-møder, må være tydelig for enhver observatør. Fredagsmøderne kan sammenlignes med en uformel version af den type Testimony Meeting (vidnesbyrd-møde), der er populære i nogle kristne trosretninger specielt i USA: Et eksempel er de omend mere adstadige begivenheder, der afholdes af hver Christian Science kirke.

De kirkelige handlinger i Scientology Kirken er praktisk talt ikke forskønnet med billeder, ikoner eller andre hjælpemidler til gudsdyrkelse, som har samlet sig til kerneelementerne for hyldest i den kristne tradition. Et dertil bestemt emblem er korset med de karakteristiske otte spidser, som er afbildet på den autoriserede litteratur fra Kirken. Det er ligeledes et træk ved Scientology præsters ornat båret som et hængesmykke, men ellers er sådanne dekorative symboler få og tjener mere som emblemer for identitet og er i begrænset brug.

Kirkens trosbekendelse skrevet af grundlæggeren, L. Ron Hubbard, er et orienteringspunkt for en kirkelig handling i Scientology. Den påkalder sig Guds love, som giver mennesket et bestemt antal rettigheder, og fastslår, at disse rettigheder bliver opretholdt af Gud med det formål at overdrage mennesket fuldkommen frihed.

Det dominerende kendetegn i udførelsen af kirkelige handlinger i Scientology er forkyndelse af ordet, som er den traditionelle fokus i den amerikanske protestantisme. I Scientology Kirker er ordet ikke hentet fra de kristne skrifter, men fra skrifter og foredrag af L. Ron Hubbard, kirkens grundlægger. Prædikenen er den centrale begivenhed for redegørelse for bevægelsens lære. Hubbard efterlod sig en række prædikener til sine kirker, hvoraf en præst kan udvælge en til sin søndagssamling. Nogle gange kan en optagelse af Hubbards foredrag bruges i stedet for en prædiken. Forberedt prædiken er ikke enestående for Scientology: De er et træk ved nogle andre trosretninger, hvor Christian Science er et eksempel.

Kirkelige handlinger afsluttes med en bøn, der er udformet som påkaldelse, om at Gud vil gribe ind i menneskets anliggender for at bringe frihed fra materielt fangenskab. Afhængighed af Gud er klar i den påstand, at menneskets potentiale er givet af Gud, og det er klart, at i henvisning til menneskets potentiale som gudlignende ser scientologer i det Højeste Væsen den uomtvistelige kilde til velbefindende og modellen for deres ambitioner. Ærbødighed for Gud er underforstået ved at tilskrive autoritet til ham som "skaber af universet".

HVAD ER DYRKELSE?

De karakteristiske elementer af dyrkelse, som er opstillet i Segerdaldommen, udgør et spektrum af emotionelle reaktioner, der også er typiske for menneskelige forhold som manifesteret i normalt socialt samkvem, men i dyrkelse bliver disse holdninger givet en forstærket dybsindighed og hellighed passende til et underdanigt forhold til en ophøjet entitet, der opfattes som det Højeste Væsen.

Forestillingen om det væsen sammen med andre religiøse begreber (f.eks. himmel, helvede) blev første gang etableret for århundreder siden. I nyere tid har opfattelsen af en guddom undergået dybtgående forandring både inden for den kristne tradition og ud over den. Gud er meget mindre tilbøjelig til at blive opfattet som havende menneskelige udtryk end tidligere. Men i kontrast til denne udvikling af begreber har sproget for tilbedelse og stemningerne, det er beregnet på at definere og fremkalde, forandret sig meget mindre hvis overhovedet. Det sprog, der beskriver dyrkelse, forbliver i den personlige form. Givet den forandring i teologiske begreber er sproget for dyrkelse blevet stadig mere anakronistisk. Stemninger præget af ærbødighed, ydmyghed, underkastelse, lovprisning og ydmyg bøn kan stadig være passende i de menneskelige forhold, som hviler på kontrasten mellem hersker og undersåt (og kan vare ved i svækket form i andre, mindre statusopdelte sammenhænge), men de er næppe kongruente, når guddommelighed ikke længere opfattes som et "overmenneske", men i en abstrakt form.

Et flertal af briterne bekender sig til tro på Gud, når guddom er beskrevet i generelle vendinger, men af befolkningen som helhed er det kun en minoritet, der tror på en personlig Gud. (Pastor Robin Gill's undersøgelser viser, at de, der bekender sig til tro på en hvilken som helst slags gud uanset hvor bred og altomfattende definition, faldt fra fire femtedele af de adspurgte i 1940'erne til to tredjedele i 1990'erne: Tro på den mere snævre, specifikt kristne opfattelse af en personlig Gud faldt fra 43 % til 31 % i den samme periode). Selvom troende blev mere og mere tilbøjelige til at give afkald på troen på en personlig Gud og anse guddom mere som en ånd, en kraft eller et metafysisk princip, vedvarer det – nu uoverensstemmende – personlige sprogbrug. At det gjorde det, afspejler den styrke, som dette traditionelle sprog har ved at blive indlagt i kirkens praksis og ved at være gjort til en fast bestanddel i kirkebrug og blive betragtet som helligt i offentlighedens mentalitet.

Et af de centrale problemer i det nittende og tyvende århundredes mainstream kristne teologi var at afmytologisere religion. En del af den reform førte til det guddommelige væsen beskrevet i mere abstrakt form og eliminering af primitive, menneskelignende billeder i både sproglige og grafiske fremstillinger af guddommen. Denne proces har været lettere i det filosofiske område end i sager vedrørende liturgi og dyrkelse, hvor nogle primitive og usofistikerede elementer har overlevet. Den repetitive gentagelse af traditionelle handlinger og holdninger til gudsdyrkelse har bevaret personligt sprog i en ændret teologisk og filosofisk sammenhæng, i hvilken det sprog er blevet uoverensstemmende og anakronistisk.

Nogle ikke-konformist kristne trosretninger mindre bundet af traditionel brug antog mindre personlige måder til ærbødig henvendelse. Kvækerne så ikke nogen grund til at henvende sig til guddommen direkte. Unitarerne i det attende århundrede skilte guddommen af med det menneskelige element, så Gud kunne ses i mindre menneskelige udtryk. I det nittende århundrede forsøgte Christian Science, unitarisk i sin teologi, at løse det omstridte spørgsmål om køn, når guddommen opfattes som en person, ved at indføre brugen af påkaldelsen "Fader-Moder Gud" og ved at proklamere syv nomenklatoriske synonymer for guddom – Liv, Sandhed, Kærlighed, Sind, Sjæl, Ånd, Princip opfattet som abstrakte, metafysiske egenskaber.

Givet disse forskellige stiltiende indrømmelser af den utilstrækkelige anvendelighed til guddommen af personlige egenskaber og den mangel på overensstemmelse i henvendelsesmåder hentet fra hierarkiske, barbariske og middelalderlige samfund er det ingen overraskelse, at nye åndelige bevægelser, der dukker op i det tyvende århundrede, skulle have antaget måder til ærbødig henvendelse og opfattelse af dyrkelse, der mere passende afspejler etos i moderne tider. Mens de måske oprindeligt anvender traditionelt sprog og begreber, gør de det i en overgangsfase for at henvende sig til deres fremtidige deltagere i forståelige udtryk, indtil de nye begreber er blevet absorberet og en del af den almindelige samtale blandt medlemmer af den blomstrende, nye bevægelse. I det mindste for en tid synes medlemmerne at være åndeligt tosproglige, efterhånden som de accepterer mysterierne i nye variationer af udtryk.

Der er mange registrerede, religiøse trosretninger, som ikke tilbeder eller dyrker ifølge Segerdal-kriterierne som illustreret af nedenstående skema. Man kunne betvivle tilstrækkeligheden af disse kriterier til at afgøre, hvad der udgør dyrkelse: Ærefrygt og ærbødighed er holdninger ikke ualmindeligt skænket dødelige medmennesker – ældre, ledere, forbilleder, lærere. I sådanne tilfælde bliver disse holdninger ikke betragtet som ensbetydende med dyrkelse. Faktisk er de romerskkatolske helgener agtede og holdt i ære, men Kirkens myndigheder afviser enhver antydning, at dette svarer til at tilbede eller dyrke. Den passende prøve på, hvad der tæller som dyrkelse, er opførsel, der som sin funktion har det specielle formål at skabe kontakt mellem dyrkeren og det Højeste Væsen, og forsikre dyrkeren om hans fremtidsudsigter til ultimativ frelse. Dette kriterium er baseret på dyrkelsens funktion og har den fordel, at mange forskellige kulturelle former kan identificeres som af samme slags, da de engagerer sig i et fælles mål. Et sådant kriterium indrømmer adskillige alternative opfattelser af guddommens natur (som menneskelignende gud, universel lov, højeste virke, grundlag for væren, livskraft osv.). Det giver et mere abstrakt, derfor mere bredt anvendeligt, begreb for dyrkelse og undslipper den kulturelle chauvinisme og religiøse diskrimination at antage den traditionelle, kristne kulturelle form for at være den eneste sande model for dyrkelse og guddom. Fikserede idéer der kræver, at dyrkelse skal være forenet kollektivt og/eller tjenester for menigheden, at det højeste væsen er dommer, og dyrkerne individuelt eller kollektivt er uværdige skurke, der forsynder sig, eller i det mindste er en slags bønfaldende personer; at ritualer identificerer dyrkeren som afhængig, skyldig og med behov for at indrømme det gennem offentlige handlinger med selv-nedværdigelse eller endog selvopofrelse – stammer alle udelukkende fra kristne traditioner. Der er ingen grund til at antage, at dyrkelse og guddommelighed nødvendigvis skal være af denne slags. Desuden er disse værdier ikke velsete med det moderne samfunds orientering med dets styrkede individualisme, dets stigende efterspørgsel efter ufordømmende holdninger, den post-freudianske mistillid til skyld-motivation og angrebet på hierarkisk autoritet.

Man bør måske gå videre end det – da ikke alle almindeligt anerkendte religioner involverer en tro på et Højeste Væsen. Hvis dyrkelse derfor skal betragtes som en essentiel del af religion (en muligvis tvivlsom og problematisk påstand), må ordet "dyrkelse" i sig selv være nødt til at blive defineret i retning af "praksisser udformet til at bringe en person i forbindelse med den grundlæggende åndelige realitet". I hvilken som helst form er det funktionen af dyrkelse.

TABEL

Trosretning	Resumé af praksisser og tro	Tro på et Højeste Væsen?	Dyrkelse ifølge Segerdal-kriterier?
Samkhya-skolen i hinduisme	Et ikke-teistisk trossystem anerkendt som en ortodoks skole i hinduistisk religion. Ur-materie og sjælen er uskabt og uforgængelig. Karma styrer menneskets anliggender – genfødsel er en konsekvens af tidligere handlinger. Frelse er redning fra reinkarnation. Viden om lidelse og dens årsager er vejen til befrielse. Da karma bestemmer ens muligheder i livet, undgås ydmyg bøn (ofte et hovedtræk for dyrkelse i andre religioner). Alle opfattelser af guddom er afvist – en ateistisk religion.	Ingen tro på et Højeste Væsen.	Nej.
Jainismen	Udsprunget af hinduismen. Karma: Fremmede elementer i karma tynger sjælen. I Jain-verdensbilledet er der ikke plads til en skabergud. De store lærere betragtes ikke som guddommelige, ej heller findes der guddommelig åbenbaring. Jainismen er dybest set et ateistisk system. "Devaer" (halvguder) er anerkendt, men de bestemmer ikke menneskets skæbne og bliver ikke tilbedt. Midlerne til frelse (ved at overvinde genfødsler) er udøvelsen af en asketisk etik, der befrier sjælen og ophæver karma.	Intet Højeste Væsen. Loven om årsag og effekt er det ultimative livsprincip. Lokale devaer bliver ikke tilbedt.	Nej.

Trosretning	Resumé af praksisser og tro	Tro på et Højeste Væsen?	Dyrkelse ifølge Segerdal-kriterier?
Taoisme	Idet taoismen fungerer blandt kinesiske befolkninger ved siden buddhisme, forfaderkulter og det etiske system konfucianisme, er den fortaler for en religiøs kosmogoni, organiserer tempelfestlighederne, har overgangsriter. Dens mystiske lære omfatter et komplekst univers af åndelige væsner og himmelske mestre, der hersker over himlen, Jorden og mennesket.	Tro på forskellige mystiske entiteter i en kompleks kosmisk orden, men ingen Højeste Væsen som sådan.	Ingen direkte korrespondance.
Theravada Buddhisme	Den universelle lov om årsag og effekt udspringer af karma: Endeløse genfødsler følger, medmindre personen er sluppet fri ved at blive oplyst med hensyn til lidelse. Ingen skaber- eller frelsergud er postuleret. Frelse opnås ved upersonlige midler ved at opnå distance, derfor lydighed over for en etisk kodeks snarere end rituelle udøvelser og udgør midlet til at overgå jordbunden erfaring og den materielle verden.	Intet Højeste Væsen. Devaer er underlagt det samme system af genfødsler som mennesker.	Nej.

Trosretning	Resumé af praksisser og tro	Tro på et Højeste Væsen?	Dyrkelse ifølge Segerdal-kriterier?
Nichiren-buddhisme	Denne gren af buddhisme (Nichiren f. Japan 1222) anser de efterfølgende inkarnationer af Gautama Buddha som havende overskredet den oplysning, som han bragte. Sandheden er indeholdt i Lotussutraen, hvor blot påkaldelsen af den er tilstrækkeligt til at frigøre alle goder til troende. Reinkarnerede buddhaer er ikke guder, blot det redskab igennem hvilket progressiv oplysning kan opnås. Hver lægmand har mulighed for at opnå tilstanden buddha, og lykke i denne verden er hans ret.	Nej. Universet er reguleret af upersonlig lov om årsag og effekt – karma, som opleves af mennesker.	Nej.
Kvækerne (Vennernes Samfund)	Eftertryk på "det indre lys" (samvittighedens stemme). Der er intet ritual, ingen ærbødig hilsen, ingen ydmyg bøn, ingen formelt godkendt udtalelse om tro. Møder tager form af kollektiv meditation. Ingen krav om at tro på et Højeste Væsen selvom en sådan enhed er ubestridt, og mange gør det.	Et Højeste Væsen kan være anerkendt, men kvækernes etos modsætter sig hierarki og overhøjhed.	Nej.

Trosretning	Resumé af praksisser og tro	Tro på et Højeste Væsen?	Dyrkelse ifølge Segerdal-kriterier?
Christian Science	Mennesket er et rent åndeligt væsen og den materielle verden er en illusion, erkendelse af hvilket understøtter fysisk helbredelse og endda udødelighed. Disse idéer er tilskrevet Jesus, som ikke var Gud, men et menneske og et godt forbillede. Der er troen på Gud, som ofte refereres til i konventionelle kristne udtryk som en menneskelignende Gud, men mere karakteristisk ved synonymer, Sind, Sjæl, Ånden, Princip, Liv, Sandhed, Kærlighed, hvorimod ingen af disse holdninger udtrykt i traditionelt sprog virkelig er passende. Eddy (grundlægger f. 1820) sagde, at "gudstjeneste" bør betyde daglige gode gerninger ikke offentlig tilbedelse.	Der er tro på et Højeste Væsen.	Kun delvist sammenfald.
Unitarerne	Afviser doktrinen om treenigheden og søger overensstemmelse mellem religion og fornuft. Eftergivende med hensyn til trosbekendelser, doktrin, bibelsk autoritet og liturgiske formaliteter, tenderer unitarerne til at lægge vægt på etiske forpligtelser snarere end rituelle forpligtelser. Nogle unitarer er uforbeholdent agnostikere eller endda ateister.	Tro på et Højeste Væsen er ikke nødvendigt, og mange unitarer tror ikke på et Højeste Væsen.	Nej.

ANVENDELSEN AF SEGERDAL-KRITERIER PÅ SCIENTOLOGY I DAG

Hvad end tilfældet måtte være i 1970 på tiden for Segerdal-dommen, mødes medlemmer af Scientology Kirken i dag i menighed både til lejlighedsvise tjenester for rites de passage (navngivningsceremoni for børn, ægteskaber og begravelser) og for regelmæssige, ugentlige religiøse tjenester, og disse tjenester er religionsudøvelse ifølge kriterier beskrevet i Segerdal.

Der er en forsamling af præster, i hvis hænder de arrangementer for tjenester og deres udformning i overensstemmelse med Kirkens regler ligger, som svarer til reglerne for tro og orden i kristne trosretninger.

Kirkelige handlinger er anstændige og ophøjede. Den fremherskende stemning er udtryksfuld og åben i overensstemmelse med den åbne, positive og optimistiske orientering i Scientologys lære.

I Segerdal-dommen blev religionsudøvelse generelt anset for at omfatte påkaldelse af og underkastelse over for en genstand, som er agtet; lovprisning af den genstand, det væsen eller den entitet; ydmyg bøn, forbøn og højtidelig fremsigelse af takkebøn. Disse holdninger bliver fremmanet i dyrkere eller tilbedere gennem forskellige midler i forskellige religioner, men typisk i form af mundtlig bekræftelse af tro, ved deltagelse i rituelle handlinger og ved modtagelsen af symbolske midler til styrke (dvs. brød og vin i den kristne nadver).

Scientologys søndagssamling begynder med en oplæsning af kirkens trosbekendelse, som er en erklæring om menneskets rettigheder. En overfladisk udlægning kunne antyde, at denne trosbekendelse ikke fastslår det primære kriterium for kendetegnene for dyrkelse eller tilbedelse opstillet i Segerdal-dommen af appelretsdommer Buckley, nemlig at der skal være en genstand for tilbedelse, som troende underkaster sig. En nærmere fortolkning gør det nu tydeligt, at kirkens trosbekendelse, selvom den ikke formelt hævder Guds eksistens eller erklærer hans overherredømme over alle andre væsner, faktisk tager hans eksistens for givet. Ved at hævde at "ingen magt mindre end Gud besidder retten til at tilsidesætte disse [menneskelige] rettigheder", er der underforstået erkendelse af Guds væsen og hans overherredømme, som menneskeheden er underlagt.

Søndagssamlingen omfatter bøn og ender altid med en fast bøn. Fokus for denne bøn er på menneskelig frihed, og Gud bliver bønfaldet om, bliver påkaldt for at skænke frihed fra krig, fattigdom og nød, såvel som at lade menneskerettigheder komme til fuldt udtryk. Derfor er dette en forbøn. Gud bliver bedt om at gribe ind for at etablere retfærdighed og forhold, hvori mennesket kan realisere sit potentiale. Bønnen påkalder Gud i sin afsluttende sætning, "Gud lade det ske".

KONKLUSION

Givet at scientologer tror på et Højeste Væsen, og at deres ceremonier og kirkelige handlinger omfatter udtryk for ærbødighed og respekt for det Højeste Væsen og søger det Højeste Væsens mellemkomst gennem bøn, konkluderer jeg, at Scientologys ceremonier og kirkelige handlinger i dag faktisk opfylder de snævre kriterier for religionsudøvelse, der er beskrevet i retssagen Segerdal – selvom ceremonier og tjenester for nogle større, almindeligt anerkendt religiøse trosretninger ikke opfylder disse

NOTE FRA REDAKTØRERNE:

Storbritanniens højesteret har i en dom af 11. december 2013 yderligere gennemgået og revideret den definition af religion, der anvendes i lyset af loven fra 1855 om registrering af trossamfund (Places of Worship Registration Act 1855). Domstolen fastslog, at religion defineres som: *"Et åndeligt eller ikke-sekulært trossystem, som en gruppe tilhængere har, og som hævder at forklare menneskehedens plads i universet og forholdet til det uendelige og at lære tilhængerne, hvordan de skal leve deres liv i overensstemmelse med den åndelige forståelse, der er forbundet med trossystemet"*.

På grundlag af denne definition fastslog Lord Toulson på vegne af Storbritanniens højesteret følgende:

"Med den tilgang, som jeg har valgt vedrørende definitionen
af religion, er beviserne mere end tilstrækkelige til at vise,
at Scientology falder indenfor denne".

FJERDE SEKTION

RELIGIØS TOLERANCE OG RELIGIØS MANGFOLDIGHED

OM REDEGØRELSEN

I DENNE ARTIKEL FRA 1995 UNDERSØGER PROFESSOR BRYAN RONALD Wilson metodespørgsmål, der opstår i at definere en religion, specielt når det er problematiseret ved det faktum, at nye religioner, såsom Scientology, dukkede op i moderne tid for at imødekomme moderne åndelige behov. Det betyder, at nogle nye religioner må udtrykke deres teologier og praksisser på måder, der adskiller sig fra traditionelle eller på anden vis normaliserede former for religiøse udtryk. Men dette betyder ikke, at de på nogen måde er mindre reelle former for religion. Tværtimod fortjener de tolerance, respekt og beskyttelse, det samme som enhver anden form for religiøst udtryk beskyttet af nationale og internationale love.

For Dr. Wilson er Scientology et eksempel på en "verdensbekræftende" ny religion, hvilket betyder, som har en "generelt positiv orientering til verden" såvel som en "mission for at fremme sociale reformer, specielt i de afdelinger af livet, såsom sundhedspleje, uddannelse og religiøs frihed". "Scientology", forklarer han,

> "adskiller sig radikalt fra både kristne og buddhistiske soteriologiske ordener, idet den påstås at standardisere og rationalisere teknikkerne, der fører til frelse. Den

anvender nye, tekniske metoder på åndelige mål i forsøget på at introducere sikkerhed og et pragmatisk retfærdiggjort system i åndelige øvelser. Scientology, der dukkede op i en periode, i hvilken den verdslige verden i stigende grad har været domineret af videnskab, er også engageret i idéen, at mennesket har brug for at tænke rationelt og at kontrollere dets forstyrrende følelser som et middel i retning af åndelig oplysning og frelse. Den repræsenterer en vigtig strømning i vor tids mangfoldighed af religiøs tilkendegivelse i vor pluralistiske, religiøse kultur."

Dr. Wilson afslutter ved at erklære at:

"Hvis fundamentale menneskerettigheder til religionsfrihed og praksis derfor skal opretholdes, bliver det essentielt, at gamle klichéer for, hvad der udgør religion, bør opgives."

Scientology Kirken er enig, og støtter og udbreder af denne grund de Forenede Nationers Verdenserklæring om Menneskerettigheder at gøre menneskerettighederne til en kendsgerning. Dette omfatter artikel 18 i erklæringen:

"Enhver har ret til tanke-, samvittigheds- og religionsfrihed; denne ret omfatter frihed til at skifte religion eller tro og frihed til enten alene eller i fællesskab med andre, offentligt eller privat, at give udtryk for sin religion eller tro gennem undervisning, udøvelse, gudsdyrkelse og overholdelse af religiøse forskrifter." ∎

FØRORD AF DR. GORDON MELTON

RELIGIØS PLURALISME ER DEN DEJLIGE KENDSGERNING I DET religiøse liv, hvor det tyvende århundrede lakker mod enden. Pluralisme, som dukkede op i det nittende århundrede, har blomstret i dette århundrede som en større ting i den større dagsorden for menneskers rettigheder og friheder. Og religiøs frihed er blandt de bedste indikatorer på den generelle tilstand for menneskets frihed i ethvert givet samfund.

Væksten i religiøs mangfoldighed har fået lov til at komme ind efter de religiøse strukturers adskillelse fra statskontrol og favorisering. Til gengæld har tilsynekomsten af mangfoldighed fremkaldt den verdslige stat, som kan etablere en retsstat, som tjener som en mæglende kraft, der tillader forskellige religiøse grupper at eksistere som naboer side om side. I et åbent samfund kan religiøse forskelle blive anledningen til intim dialog, forøget påskønnelse af ens eget åndelige liv og bevidsthed om mangfoldigheden ved menneskelivet, snarere end at det vendes til en undskyldning for fjendtlighed eller en dagsorden for misforståelse og irrationelt had.

Pluralismens vækst har accelereret i slutningen af det tyvende århundrede, i takt med at kommunikation og transport er blevet bedre. I det sidste århundrede introducerede den kristne bevægelse de fleste varianter af kristendom i Afrikas, Asiens og Mellemøstens traditionelle, religiøse kulturer. Siden anden verdenskrig har folks omfattende udvandring til vesten bragt enhver tænkelig form for østerlandsk religion ind i Europa og Nordamerika. Samtidigt har telefonen, fjernsynet og den personlige computer flyttet den særlige kulturs erfaringsvisdom (herunder dens åndelige ressourcer) ind i hjemmene hos folk rundt om i verden. Bortset fra på de få resterende steder, hvor love, der hæmmer religionsfrihed, gennemtvinges, er i dag alle moderne bycentre, fra London til Nairobi, fra Tokyo til Rio de Janeiro, hjemsted for betydelige minoritetsgrupper af verdens religioner.

Fremgangen for religiøs pluralisme i sig selv har tvunget os til at revidere meget af det, vi har troet om religions sociale rolle, specielt dens antagne nødvendige funktion som et bindemiddel der holder sammen på en nations folk. Nationer kan lige så let holdes sammen af deres fælles ønske om frihed, og det gode liv det bringer, end gennem et hvilket som helst behov for ensartethed i kultur og tro. Vi har nu set nationer helt i stand til at eksistere i verdslige omgivelser og omgivelser med flere trosretninger, og vi har set den sociale forstyrrelse, der kan opstå, når regeringer forsøger at påtvinge en religiøs ensartethed på folk, som har udviklet store forventninger til personlig frihed.

På samme tid har vores holdninger omkring nye religioner stort set udviklet sig fra et perspektiv med engagement i de ældre religiøse samfund, og de har måttet undergå en signifikant forandring, specielt da vestlige, religiøse stiftelser har stået over for en alvorlig tilbagegang i den offentlige tillid og troskab. For en generation siden tænkte vi på de ældre religioner som skatkamrene med sandheder, der er bestemt til at stå tilbage fra generation til generation, mens nye religioner blev betragtet som forbigående begivenheder. Sidstnævnte blev afvist som små, overfladiske, personlige kulter bygget op omkring karismatiske skikkelser og bestemt til at dø med grundlæggerens død. Men efterhånden som nye religioner fra bahaismen til Jesu Kristi Kirke af Sidste Dages Hellige er dukket op og ikke blot overlevede deres grundlægger, men er fortsat til at blive internationale, religiøse grupper, der tiltrak millioner af troende, har vi set impulsen til at frembringe nyskabende, religiøse former som del af det naturlige, igangværende, sociale liv i alle folkeslag.

Folk frembringer hele tiden nye former for gudfrygtighed, genopliver og giver nyt liv til glemte strukturer, udvikler personlige variationer af åndeligt liv og grundlægger nye, religiøse organisationer. Mange af disse former bliver institutionaliseret som lokale variationer inden for større, religiøse grupper, som genopliver bevægelser, til en vis grad usynlige, private udtryk for fællesritualer samt flere konkurrerende trosretninger og religiøse grupper.

I det følgende essay giver Bryan Wilson, den anerkendte dekan i studiet af nye religioner, et klart og kortfattet overblik over udviklingen af et tolerant samfund og af den religiøse mangfoldigheds natur, der hånd i hånd er dukket op med den. I vesten har stigningen i mangfoldighed teologisk set været ledsaget af en reevaluering (og kassation) af nogle påstande om entydighed, som tidligere blev antaget inden for den kristne gruppe, en proces der i høj grad blev dikteret af den stadig større bevidsthed om verdens religioner. Inden for kristendommen har generationer med teologiske kampe frembragt flere tusinde trosretninger og et tilsyneladende endeløst sæt variationer i teologi, organisatoriske strukturer, kirkeliv, tilbedelse og etiske forpligtelser. Når vi sammenligner kristendommen med forskellige religiøse grupper, bliver vi hurtigt bevidst om, at forskellene mellem teologier og stilarter inden for ritualer inden for kristendommen er næsten lige så store som forskellene mellem kristen tanke og tilbedelse og dem i andre trossamfund.

Ligeledes, som Wilson bemærker, og en generation med tester ved domstolene verificerer, er en større udfordring for religiøs tolerance en udvidelse af vores forståelse af fænomenerne og grupperne, vi med rette kan sætte på en liste under udtrykket "religion". Få ville i dag forvise hinduistiske og buddhistiske grupper til det yderste mørke. Nogle af de nyere, opdukkende religioner har været nødt til at kæmpe for retten til at eksistere som religioner. Nyere ikke-teistiske og menneske-centrerede trosretninger viser til fulde, at religion kan eksistere og faktisk eksisterer selv uden nogen anerkendelse af en guddom eller afsløret sandhed.

Sluttelig argumenterer Wilson også underforstået for, at vores uvidenhed om den mangfoldighed, der sandsynligvis allerede eksisterer i vores nabolag, i sig selv er en stor barriere for udbredelsen af tolerance og omfanget af religiøs frihed. Vi har tendens til at forstå det velkendte og at finde grunde til at rakke ned på dem, der følger praksisser, vi finder særprægede, og hvis indre logik vi ikke forstår. Vi finder det lettere at karikere en andens religiøse liv end at ofre energien på at lokalisere aspekter i resonans og påskønnelse.

Derfor fremføres dette essay af Instituttet for studie af amerikansk religion som et indledende orienteringskort til verdenen af religiøs tilkendegivelse, der omgiver os alle. Det tilvejebringer nogle meget behøvede, ikke-fordømmende våben, med hvilke vi kan begynde at forstå forskellige religiøse gruppers natur, selv de der ikke er nævnt eller skilt ud til redegørelse med navn nedenfor, det være sig gamle, etablerede kirker eller moderne, nye trosretninger.

J. Gordon Melton
Institute for the Study of American Religion
May 1995

Instituttet for studie af amerikansk religion blev grundlagt i 1969 som en forskningsinstitution for religiøse grupper og organisationer i Nordamerika. I 1990'erne, da en eller anden enighed om integreringen af vores viden om nye religioner var opstået, har det udvidet sit virkefelt til Europa, Afrika og Asien. Det støtter den amerikanske religiøse samling på Davidson Library of the University of California-Santa Barbara og udgiver forskellige opslagsbøger og akademiske monografier om forskellige religiøse grupper og fænomener.

MENNESKERETTIGHEDER OG RELIGIONSFRIHED

SIDEN AFSLUTNINGEN PÅ ANDEN VERDENSKRIG ER ALLE MENNESKERS ret til religionsfrihed blevet bekendtgjort gennem resolutioner fra forskellige internationale grupper, deriblandt De Forenede Nationer, Europarådet og i Helsinki-erklæringen. Regeringer pålægges ikke blot at opgive enhver tidligere lov om religionsforfølgelse, men også positivt at tage affære for at beskytte religionsfrihed, så længe en særlig sekts eller trosretnings religiøse praksisser ikke strider mod den normale kriminalret eller krænker andre borgeres rettigheder. Specielt i fraværet af nogen akademisk enighed om definition på religion garanterer sådanne resolutioner dog ikke afskaffelsen af alle former for religiøs diskrimination. Statslig forkærlighed for en (eller flere) religioner kunne stadig fastholdes som eksemplificeret i de særlige af loven etablerede religioner i forskellige lande i Europa. En sådan forkærlighed kunne tildele økonomiske fordele, specifikt skattefordele, til bestemte religiøse grupper såvel som sociale og endog politiske privilegier, andre trosretninger nægtes. Selv hvor sådanne diskriminerende foranstaltninger ikke åbenlyst opretholdes (ved lov, tilpasset eller præcedens), kunne der være forskellige statslige eller sociale holdninger, som støtter nogle typer religiøse grupper frem for andre. Der kunne især være officiel eller offentlig mistanke til bestemte religiøse organisationer, især hvor en religiøs gruppes lære og praksisser generelt er fremmede – så fremmede at de på grund af bureaukrati eller den offentlige mening kunne betragtes som værende "ikke virkelig religiøs". Offentligheden og til tider autoriteterne påberåber sig en kliché til, hvad en religion bør minde om, og hvordan religiøse tilhængere bør opføre sig. Grupper, som i det væsentlige afviger for meget fra denne måske ubevidst antagede model, kunne derfor for dem med normal religiøs tolerance forekomme uegnede til udvidelsen. De kunne måske virkelig se ud til at falde uden for kategorien, for hvad der i det hele taget skal betragtes som religion, eller endog være nødt til at stå ansigt til ansigt med den anklage, at de opererer på måder, der strider mod loven. ■

II

SAMTIDIG RELIGIØS MANGFOLDIGHED

I DE FEM SIDSTE ÅRTIER ER MANGFOLDIGHEDEN AF RELIGIONER I vestlige samfund forøget markant. Der har været en dramatisk vækst i antallet af nye, religiøse grupper, nogle af dem nyligt importeret til vesten, hovedsagelig fra Orienten. Den tidligere religiøse pluralisme, som næsten udelukkende var begrænset til variationer inden for kristendommen, er blevet udvidet til at omfatte nye opfattelser af åndelighed og nye bevægelser afledt fra andre religiøse traditioner. Orienteringen, lærer, praksisser og organiseringsmønstre i disse forskellige grupper – uanset om de er oprindeligt hjemmehørende der eller importerede – er vidt forskelligartede og ofte helt anderledes end de tilsvarende karakteristika for traditionelle kirker eller sekter. Det bør dog gøres klart, at sammenfaldet med de internationale gruppers signal om religionsfrihed og nye, religiøse bevægelsers hastige formering var tilfældig. De internationale institutioners resolutioner var ikke specifikt rettet til spørgsmålet om tolerance for disse nye religioner. De drejede sig snarere primært om religionsfrihed i den kommunistiske verden og for venskab mellem de forskellige større trosretninger i religiøst pluralistiske samfund. Så mange nye, åndelige minoriteters dukken op i vesten var tilfældig, og tolerancens ånd støttet af internationale institutioner – tolerance som de virkelig er berettiget til – er ikke altid blevet givet dem så beredvilligt. ∎

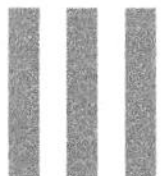

TOLERANCE I DEN KRISTNE TRADITION

ELVOM TOLERANCE I DAG IKKE SJÆLDENT PRÆKES AF KRISTNE autoriteter, er det vigtigt at mindes, at kristendommens tradition er en med ufordragelighed. Ulig de fleste samtidige religioner var kristendommen fra Paulus' tid en eksklusiv religion, der forbød dens ivrige tilhængere at tilbede andre guder eller engagere sig i fremmede praksisser. Det var også en universalistisk religion, der forkyndte, at det var den eneste sande religion for hele menneskeheden. Selvom judaismen også var eksklusiv, var den ikke universalistisk – det var ikke et religiøst valg, der normalt var tilgængeligt for dem, der ikke var etniske jøder. Kristendommen som kontrast underviste i, at det var den eneste gyldige religion for alle og enhver. Det var en voluntaristisk religion, som mennesket frit kunne vælge og burde vælge. Således var kristendommen også en proselytisk religion, der forsøger at overbevise folk om, at alle andre religioner er onde og at fordømme dem som sådan.

I århundreder gjorde den kristne kirke sin vigtigste mission til omvendelsen af hedningen, blandt hvilke den inkluderede dem i alle andre trosretninger. Mens hedningen skulle omvendes, skulle de, der var bekendt med "den sande tro", men i et eller andet forhold var kommet til at udfordre kirkens lære, ikke blot ekskommunikeres fra kirken, men også tilintetgøres ved døden (St. Thomas Aquinas' autoritative krav).

Kristen intolerance over for alle andre trosretninger blev kun mildnet med reformationen og da kun gradvist. De tidlige manifestationer af tolerance i det centrale Europa var i begyndelsen kun anvendelig for prinser, hvis undersåtter ifølge deres hersker skulle antage troen, katolsk eller luthersk, efter princippet i den augsburgske religionsfred i 1555 om cuius regio, eius religio [i en prins' land, en prins' religion].

I de forskellige områder, der er påvirket af den calvinistiske reformerte kirke, blev tolerance nogle gange senere strakt til at omfatte calvinister, men sekter i den såkaldte "radikale" reformation – anabaptister og hutteritter – og senere socinianerne og unitarerne blev fortsat forfulgt, mens ateister ikke skulle tolereres overhovedet ifølge teorier om tolerance fremsat af selv oplyste filosoffer såsom John Locke.

Sluttelig førte de principper, der blev antaget af reformationen om en "åben bibel" og "alle troendes præstestand", til den stadige nedslidning af tilbøjelighed af intolerance, som holdes i hævd i traditionel kristendom. Afvigende grupper opnåede begrænsede rettigheder til at tilbede på deres egen foretrukne måde, i England tydeligst under Williams og Marys lovgivning i 1689. Begrænsninger stod tilbage og blev kun gradvist lempet og til sidst standset i de følgende to hundrede år.

Gradvist kom Europas herskende klasser til at opgive teorien om, at social samhørighed i høj grad afhang af opretholdelsen af religiøs ensretning. Den lektie blev mere utilsløret erkendt i de Forenede Stater, hvor en religiøst forskelligartet befolkning (blandt hvem der var mange flygtninge fra religiøs forfølgelse i Europa) skulle indpasses.

Den bedste garanti mod social splittelse i et så religiøst pluralistisk samfund kunne ikke findes i et forsøg på at påtvinge religiøs ensretning, men i tilvejebringelsen af religiøs tolerance som et princip, der transcenderer doktrinerne og anskuelserne i en hvilken som helst religion. I modsætning til de gamle europæiske antagelser om behovet for religiøs tvang blev det i de Forenede Stater erkendt, at et princip med tolerance var nødvendigt for den sociale samhørighed i en allerede religiøst forskelligartet befolkning.

Således gik det i den amerikanske kontekst, at tolerance og religionsfrihed blev påkaldt som principper, der overordnede ethvert særligt religiøst system. Selve skabelsen af en verdslig stat, hvor de regerende autoriteter ikke skulle etablere religion, ej heller vise partiskhed for nogen religion frem for en anden, blev den første garanti for religiøse rettigheder. ∎

Den bedste garanti mod social splittelse i et så religiøst pluralistisk samfund kunne ikke findes i et forsøg på at påtvinge religiøs ensretning, men i tilvejebringelsen af religiøs tolerance som et princip, der transcenderer doktrinerne og anskuelserne i en hvilken som helst religion."

KULTUR-BEGRÆNSETHED I DEFINERINGEN AF RELIGION

OMRÅDET RELIGIØS VARIATION, TIL HVILKET PRINCIPPER MED tolerance og ligebehandling blev udvidet, var oprindelig ret snæver, idet det kun omfattede et begrænset antal kristne trosretninger og mindre upartisk jøderne. Opfattelsen, af hvad der udgjorde en religion, var forudsat på denne varietet i jødekristne bevægelser. Religion som sådan blev opfattet som værende synonymt med kristendom, og religionseksperterne var teologer, der selv var engagerede kristne. Det var dem, der traditionelt set tilvejebragte definitionerne af, hvad der udgjorde religion, og deres begreber blev uundgåeligt støbt i udelukkende kristne udtryk. Teologers definitioner af religion kunne stort set betragtes som akademiske, men de har deres indflydelse i andre mere praktiske sfærer, ikke mindst ved domstole, nogle gange med meget uretfærdige resultater. Det absurde resultat opnået fra en juridisk antaget snæver kulturbunden definition af religion kunne for eksempel måske ses i et tilfælde i England så sent som i 1754, da en dommer, Lord Hardwicke, dømte, at skønt religion var en næstekærlig ting, var undervisningen i judaismen det ikke, og han afsagde den kendelse, at midlerne efterladt af en testator til undervisning i judaisme i stedet burde anvendes til tilvejebringelse af undervisning i kristendom. For domstolene på det tidspunkt omfattede udtrykket "religion" ikke judaisme: Det betød kun kristendom. ∎

V

NYE DEFINITIONER PÅ RELIGION

LOV OG TEOLOGI ER BEGGE NORMATIVE DISCIPLINER, OG SOM konsekvens er det det normative perspektivs fordomme, som de bekendte kulør til, deres definitioner og antagelser. Da nutidens åndsvidenskab har udvidet vores kendskab til andre kulturer, således er det blevet erkendt, at det, der passende er betegnet som "religion", ofte afviger i mange enkeltheder i forhold til tro, praksis og institutionelle arrangementer fra de, der karakteriserer kristendom. Som følge af det er en mere omfattende definition af religion blevet søgt, og en som erkender, at andre samfund antager religiøse anskuelser, engagerer sig i religiøse praksisser og bevarer religiøse institutioner forskellige, som de er, fra kristne opfattelser. Forøget bekendtskab med talrige, empiriske tilfælde gjorde antagelsen, der er udtrykt af selv seriøse akademiske kommentatorer i det nittende århundrede, umulig, at andre folk end kristne, jøder og muslimer, "ingen religion" havde. ∎

VI
ETISK NEUTRALE DEFINITIONER

ELVOM RELIGION I SIG SELV ALTID ER NORMATIV, EFTERSOM HVER religion adskiller sig fra andre, forsøger nutidens eksperter inden for religiøse studier (antropologer, sociologer og komparativ-teologer) at diskutere det normative uden selv at engagere sig i det. Moderne akademikere søger at bevare objektivitet og etisk neutralitet. Udviklingen af en gennemført neutralitet inden for studiet af religion er dog kun blevet opnået langsomt. Nogle samtidige studier i komparativ religion afslører stadig fordomme. Selv inden for samfundsvidenskaben, som udtrykkeligt har forpligtet sig til fordomsfri undersøgelse, er visse fordomme tydelige i arbejde, der blev gjort i mellemkrigsårene. Det blev især ofte uden grund antaget, at forløbet i religiøs forandring var analogt til den biologiske udviklingsproces, og at de mest udviklede nationers religion nødvendigvis var "højere", end den andre folkeslag havde. Den antagelse kunne let accepteres af kristne akademikere. For andre (tydeligvis Sir James Frazer) blev religion anset for at være et udviklingstrin på vejen fra magi til videnskab.

I dag antager akademikere ikke længere, at tro på en guddom nødvendigvis er en højere form for religion end tro på adskillige guddomme eller ingen. Det er erkendt, at en religion kunne postulere en antropomorfisk gud, en eller anden form for guddom, et højeste væsen, et stort antal ånder eller forfædre, et universelt princip eller lov eller et andet udtryk for endelig tro såsom en "grund til at være". At religiøse begreber nok er mere abstrakte i mere intellektuelt sofistikerede kulturer og sammenhænge, bliver ikke set som en retfærdiggørelse for at betegne sådanne religioner som "højere".

I takt med at akademikere blev bevidste om den empiriske mangfoldighed af religion i forskellige samfund, var således deres opfattelse af, at det, der udgjorde religion, var nødt til at blive ændret, idet det stadig mere kommer til at antyde fænomener, som havde slægtslighed snarere end fælles identitet, og som manifesterede ligheder med adfærdsmønstre snarere end identitet af reel substans. Erkendelsen dæmrede, at religion ikke kunne defineres i udtryk, der var specifikke for en særlig tradition. De konkrete ting, der derfor vedrørte kristendom, og som på ethvert tidligere stade havde været anset som essentielle for definitionen på religion, blev nu blot set som eksempler på mere generelle kategorier, som en definition kunne omfatte. Specifikationerne for sådanne konkrete elementer blev overflødiggjort af mere abstrakte formuleringer, der omfattede en hel række forskellige typer anskuelser, praksisser og institutioner som, selvom de langtfra reelt var identiske, kunne betragtes som funktionsdygtige modstykker. Da en sådan begrebsdannelse udviklede sig, blev det bemærket, at i alle samfund var der anskuelser, der transcenderede kendt empirisk realitet, og der var praksisser udformet til at bringe mennesker i kontakt eller på bølgelængde med det overnaturlige. I de fleste samfund var der også mennesker, som forestod de særlige funktioner, der var forbundet med dette mål. Sammen blev disse elementer anerkendt som udgørende religion uanset substansen i anskuelserne, de egentlige praksissers natur eller funktionærernes formelle status i deres tjeneste. ■

VII

INTERN OVERENSSTEMMELSE I TRO OG PRAKSIS

ET, DER OGSÅ BLEV ERKENDT, VAR, AT RELIGIONER PÅ INGEN måde altid var internt konsekvente. Selv i relativt små stammesamfund findes der ofte temmelig indviklede riter og myter, som ofte ikke udgør et overensstemmende, internt integreret og sammenhængende system. Religion undergår forandring, og tilvækst forekommer både i myter og ritualer, når et samfund oplever kontakt med nabo- eller invaderende -folkeslag. Forskellige ritualer og anskuelser kunne hæfte sig på forskellige situationer og krav (f.eks. at fremkalde regn; at sikre afgrøders, dyrs og kvinders frugtbarhed; at tilvejebringe beskyttelse; at cementere alliancer; at indvie aldersgrupper osv.). Alle sådanne aktiviteter er stilet i retning af overnaturlige kræfter (hvordan de end er defineret), og de anerkendes af akademikere som religiøse. Reglerne for religiøs tro og praksis i mere avancerede tekniske samfund er generelt mere udførligt formuleret og viser større intern sammenhæng og stabilitet, men selv i avancerede systemer eksisterer der vedholdende elementer af mangfoldighed. Intet teologisk system eller skematisering af religiøse anskuelser, der vedrører det overnaturlige i nogen af verdens store religioner, er helt sammenhængende. Der er altid uforklarede rester og nogle gange åbne modsigelser. I de fleste hvis ikke alle samfund var der blandt den almindelige befolkning rester af tidligere religiøse orienteringer såsom folke-religiøse elementer. Fortrængte, religiøse systemer efterlader ofte deres bundfald på dem, der forkaster dem. Således fandt praksisserne med at skabe offergaver og organisere tempelprocessioner, der var karakteristiske for de hedenske kulter i Romerriget, vej ind i kristne værker, ligesom forskellige tidligere mellemøstlige myter havde deres genklang i kristen lære. I romertiden blev hedenske guddomme lettere forvandlet til kristne helgener, og for ikke så længe siden har en lignende proces fundet sted i Latinamerika. Bortset fra disse fremmede elementer fra folkereligion manifesterer alle de større religioners hellige skrifter interne selvmodsigelser og uoverensstemmelser. I religionens natur er der ofte flertydigheder: Religiøst sprog giver sig ikke ud for at være klinisk videnskabeligt; det søger at være poetisk, stemningsvækkende og til tider følelsesbetonet snarere end snævert kognitivt. Et sådant sprog kan ofte genfortolkes, tages bogstaveligt, allegorisk, i overført betydning eller symbolsk og på denne måde frembringe afvigende reaktioner. Disse og andre kilder, specielt fordi religionsspecialister har søgt at forene religiøse steder med empirisk bevis, har fremkaldt uoverensstemmelser blandt disse akademikere, som til tider omfattede modsat fortolkende systemer og eksegetiske principper, som nogle gange har understøttet forskellige traditioner, selv inden for det, der bredt anerkendes som ortodoksi. Disse udstedelser udgør således en kilde til religiøs mangfoldighed: En anden opstår fra en bevidst uenighed. ■

VIII

HYPPIGHEDEN AF ANDERLEDES TANKEGANG

HELT BORTSET FRA UDVIKLINGEN AF SÆRLIGE SKOLER INDEN FOR mainstream-traditionen i udviklede samfund, som er bevidst og klart anderledes tænkende end ortodoksi, har det også været et fælles fænomen. Kristne, jøder og muslimer er opdelt i de ortodokse (af alle skoler) og anderledes tænkende grupper, som følger et afvigende mønster for religiøs praksis, tilslutter sig afvigende anskuelser og skaber deres egne separate institutioner. Anderledes tænkende er mest synlige i sammenhænge, hvor der hersker religiøs eksklusivitet, dvs. hvor det kræves af individet, hvis han er tilhænger af en religion, at fornægte troskab til alle andre – et mønster med forpligtende tilsagn, der på det strengeste kræves i den kristne tradition. Da nogle europæiske regeringer ophørte med at foreskrive specifikke former for religion til deres undersåtter, og da de, i det mindste formelt, til en vis grad har reduceret selv deres diskriminerende præferencer for en religion frem for en anden, er situationen i de lande kommet tættere på en tilnærmelse til det, der er fremherskende i de Forenede Stater. På denne måde er en situation, der betegnes som "religiøs pluralisme" opstået. Men den formelle ligestilling, religioner har i et givet samfund – ligestilling som ofte siges ifølge lov – bør ikke fortie den kendsgerning, at diskriminering ofte på en eller anden måde varer ved. I England bevarer forskellige love den engelske statskirkes overlegenhed, kirken der er oprettet ved lov, for hvilken monarken er verdslig overhoved. Et antal anglikanske biskopper sidder, som de har ret til, i Overhusets lovgivende forsamling, og bispeudnævnelser foretages af premierministeren – blandt andre tegn på favorisering. I andre europæiske lande tilgodeser andre forskellige diskriminerende arrangementer en eller flere traditionelle kirker, over og frem for andre dissentierende grupper eller nyreligiøse grupper. Der er for størstedelens vedkommende frihed til religiøs praksis i Europa, men forskellige religiøse grupper oplever stadig forskelsbehandling fra staten og er nødt til ofte at kæmpe med fjendtlige massemedier, som arbejder på at fremhjælpe offentlighedens mistro til hvad end, der er fremmed i religion. En sådan forskelsbehandling og den ledsagende fjendtlighed opstår i det mindste delvist fra ihærdigheden i normgivende engagement hos de fleste af dem, der traditionelt har været beskæftiget som "eksperter" med at definere religion og specificere dens beskaffenhed. Der er i alle samfund en arv af akademisk sprog om religion, som bærer det normative stempel for religiøst engagement. Tidlige definitioner og beskrivelser af det essentielle i religion brugte hyppigt udtryk, der er lånt fra de religiøse traditioner, som formulerede dem. Det erkendes beredvilligt af sociologer, at brugen af udtryk, der er særegne for en religion, skal forvrænge skildringen af andre religioner og kunne jævnligt involvere falske antagelser om deres karakter og natur. Begreber, der er involveret i en kulturel og religiøs tradition, vil give et forkert billede af den tilsvarende funktionalitet, men formelt særegne religionselementer i en anden. Tilfælde af sådan upassende brug inkluderer henvisninger til "den buddhistiske kirke", "det muslimske præsteskab" eller (i henvisning til treenigheden) de "kristne guder". Selve udtrykkene "kirke" og "præsteskab" har stærke, specifikke, kulturelle og strukturelle bibetydninger, og fænomenet, som de gælder for, er i mange henseender ulig deres funktionelle modstykker i andre religiøse systemer. De intellektuelle, ideologiske, moralske og organisatoriske egenskaber, som karakteriserer dem, er specifikke for den kristne tradition, og at bruge disse udtryk skal føre til forvirring, forvanskning og falske forventninger om andre religioner og herfra til mistro og måske fjendtlighed. ∎

IX
ABSTRAKTE DEFINITIONER

HVIS RELIGIONER SKAL GIVES LIGEBERETTIGELSE AF STATEN, BLIVER det nødvendigt at tage abstrakte definitionsbegreber i brug for at omfatte mangfoldighederne af religiøse fænomener.

En sådan brug af abstrakt sprog, som kunne betragtes som "klinisk" i den forstand, det ikke forurenes af de særlige traditioner og fordomme om nogen enkelt religion, vil nødvendigvis mislykkes i at opfange alle de reelle kvaliteter i enhver specifik tro.

Den vil hverken udtømme de kognitive ej heller de emotionelle aspekter i tro, ritual, symbolisme og institutioner. Denne sociologiske indfaldsvinkel muliggør objektiv sammenligning, analyse og forklaring, men den gør det ikke og foregiver heller ikke at fremføre hele substansen i den indre betydning og emotionelle tiltrækning, som en religion har for dens egne tilhængere. ■

X

DEN NØDVENDIGE BESTANDDEL I NYE DEFINITIONER

INGEN BESTEMT DEFINITION AF RELIGION ER BLEVET ACCEPTERET AF alle akademikere, men et antal elementer, opstillet i passende abstrakte udtryk, bliver ofte påkaldt i forskellige kombinationer som det særlige ved religion. De inkluderer anskuelser, praksisser, indbyrdes forhold og institutioner vedrørende:

a) overnaturlige kræfter, magt(er), væsner eller mål;

b) menneskets primære bekymring;

c) hellige genstande (ting sat for sig og forbudt) til åndelig andagt;

d) en kraft som kontrollerer menneskets skæbne;

e) meningen med tilværelsen;

f) en kilde til transcendent viden eller visdom;

g) den kollektive karakter i religiøst liv.

Religions konsekvenser og funktioner er angivet som:

a) at jævnføre gruppe og/eller individuel identitet;

b) at tilvejebringe en orienteringsramme;

c) at lette skabelsen af et menneskeskabt univers med mening;

d) at sørge for beroligende udtalelse og trøst omkring muligheder for hjælp og frelse;

e) at bevirke menneskelig forsoning og opretholdelse af en moralsk gruppe.

Selvom disse funktioner generelt ville blive accepteret af akademikere som kendetegnende de fleste om ikke alle religioner, kunne de vise sig at være for omfattende til at tillade let anvendelse i den praktiske sfære, når for eksempel nutidens regeringer eller den dømmende magt står over for opgaven at anvende passende kriterier til en eller anden af de mange, yderst forskellige, nye eller nyligt importerede religioner, som nu har tilhængere i vestlige samfund. Til dette formål kunne et mere forfinet katalog være behøvet, som omfatter kategorier, som hver især er repræsenteret, ikke som en ufravigelig betingelse for religion, men som særpræg der ofte kan findes i det empiriske bevis for enhver gruppe, som påstår, de har status som religion. Disse særpræg skal således betragtes, som vi allerede har indikeret, som genkendelige "slægtsligheder". Således skal hvert punkt ses som noget, der sandsynligvis er evident i en religion, uden at det foreslås, at det skal være til stede, for at en bevægelse eller et idésystem kan kvalificeres som en religion. ∎

XI

EN PROBABILISTISK OPGØRELSE

D ET, DER NU FØLGER, ER EN OPGØRELSE OVER TING, DER SANDSYN-
ligvis skal skelnes mellem i enhver bevægelse, organisation
eller et system af lærer, som kunne regnes for en religion. Ikke
alle disse ting vil normalt findes i ethvert givet tilfælde, og man kunne
beslutte, hvilken del af dem der skulle være til stede, for at et særligt
sæt anskuelser og praksisser skulle kvalificere til religiøs status. Givet
det meget lange tidsspand af menneskets historie, i hvilket religioner
er opstået, afspejler opgørelsen uvægerligt forskelligartede tendenser,
som afspejler forskellige grader af raffinement i religiøse idéer, fra i den
ene yderlighed yderst specifikke kvasi-magiske orienteringer til i den
anden ende af spektret relativt abstrakte, reificerede eller, som man
kunne sige, æteriske forestillinger om større religiøse anliggender og
entiteter. I tilfældets natur, og selvom der tillades intern mangfoldighed
og afvigende grader af raffinement blandt dens menighed, er det ikke
sandsynligt, at en religion vil omfatte begge disse typer orientering i lige
mål hvis overhovedet. Som følge af det må det være åbenbart, at ingen
enkelt religion sandsynligvis som sådan vil kvalificere ved at opnå 100 %
bekræftelse af alle tingene i den probabilistiske opgørelse. De troværdige
særpræg for en religion er som følger:

FORTEGNELSE OVER DE GENSTANDE, DER SANDSYNLIGVIS VIL BLIVE SKELNET

(1) TRO PÅ EN KRAFT (ELLER KRÆFTER) SOM OVERSKRIDER NORMAL SANSEOPFATTELSE, OG SOM ENDOG KUNNE OMFATTE EN KOMPLET, POSTULERET, ÅNDELIG KLASSE AF VÆREN;

(2) TRO PÅ AT EN SÅDAN KRAFT IKKE BLOT PÅVIRKER DEN NATURLIGE VERDEN OG DEN SOCIALE ORDEN, MEN VIRKER DIREKTE PÅ DEN OG ENDDA KUNNE HAVE SKABT DEN;

(3) TROEN PÅ AT DER PÅ TIDLIGERE TIDSPUNKTER ER FOREKOMMET EN TYDELIG OVERNATURLIG INDGRIBEN I MENNESKELIGE AFFÆRER;

(4) TRO PÅ AT OVERNATURLIGE KRÆFTER HAR FØRT OVEROPSYN MED MENNESKETS HISTORIE OG SKÆBNE: NÅR DISSE KRÆFTER SKILDRES ANTROPOMORFISK, BLIVER DE SOM REGEL TILSKREVET BESTEMTE FORMÅL;

(5) TROEN STÅR FAST PÅ, AT MENNESKETS SKÆBNE I DETTE LIV OG I LIVET EFTER DØDEN (ELLER LIVENE) AFHÆNGER AF SLÆGTSKAB OPRETTET MED ELLER I OVERENSSTEMMELSE MED DISSE TRANSCENDENTALE KRÆFTER;

(6) DET KUNNE (MEN IKKE UVÆGERLIGT) TROS, AT SELVOM TRANSCEN-DENTE KRÆFTER VILKÅRLIGT KUNNE DIKTERE EN PERSONS SKÆBNE, VILLE PERSONEN VED AT OPFØRE SIG PÅ FORESKREVNE MÅDER PÅVIRKE SIN OPLEVELSE ENTEN I DETTE LIV ELLER I ET FREMTIDIGT LIV (ELLER LIV) ELLER BEGGE;

(7) DER ER FORESKREVNE HANDLINGER FOR PERSONLIG, FÆLLES ELLER REPRÆSENTATIV OPTRÆDEN — DET VIL SIGE RITUALER;

(8) DER ER ELEMENTER AF FORMILDENDE HANDLINGER, MED HVILKE PERSONER ELLER GRUPPER KUNNE BØNFALDE OM SÆRLIG MEDVIRKEN FRA OVERNATURLIGE KILDER;

(9) TILKENDEGIVELSER AF LOVPRISNING, ANDAGT, TAKNEMLIGHED, REVERENS ELLER LYDIGHED DER UDTRYKKES ELLER I NOGLE TILFÆLDE KRÆVES AF TROENDE NORMALT I TILSTEDEVÆRELSE AF TROENS SYM-BOLSKE FREMSTILLINGER AF DEN OVERNATURLIGE KRAFT (KRÆFTER); SÅDANNE HOLDNINGSMANIFESTATIONER OMFATTER TILBEDELSE;

(10) SPROG, GENSTANDE, STEDER, BYGNINGER OG ÅRSTIDER, DER ISÆR IDENTIFICERES MED DET OVERNATURLIGE, HELLIGGØRES OG KUNNE I SIG SELV BLIVE GENSTAND FOR ÆRBØDIGHED;

(11) DER ER REGELMÆSSIGE UDØVELSER AF RITUAL ELLER FORTOLKNING, UDTRYKKELSE AF HENGIVENHED, FEJRING, FASTE, KOLLEKTIV BOD, PILGRIMSFÆRD OG GENOPFØRSLER ELLER IHUKOMMELSER ELLER EPISODER I GUDDOMMES, PROFETERS ELLER STORE LÆRERES LIV;

(12) BEGIVENHEDER MED TILBEDELSE OG FREMSTILLING AF LÆRERNE FREMKALDER FOR TILHÆNGERNE EN FØLELSE AF FÆLLESSKAB OG SLÆGTSSKAB MED SYMPATI, FÆLLESSKAB, FÆLLES IDENTITET;

(13) MORALSKE REGLER BLIVER OFTE PÅLAGT TROENDE, SELVOM OMRÅDERNE, DE OMHANDLER, VARIERER: DE KUNNE VÆRE UDTRYKT I LEGALISTISKE ELLER RITUALISTISKE UDTRYK, ELLER DE KUNNE DRØFTES INDGÅENDE, MERE GENERELT SOM KONFORMITET I EN MINDRE SPECIFIK, HØJERE ETIKS ÅND;

(14) FORMÅLETS SERIØSITET, ANERKENDT ENGAGEMENT OG LIVSLANG HENGIVENHED ER NORMATIVE KRAV;

(15) I OVERENSSTEMMELSE MED DERES ARBEJDSINDSATS OPTJENER TROENDE MERIT ELLER FEJL, TIL HVILKET DER ER VEDHÆFTET EN MORALSK ØKONOMI MED BELØNNING OG STRAF. DEN PRÆCISE SAMMENHÆNG MELLEM HANDLING OG KONSEKVENS VEKSLER, FRA AUTOMATISKE VIRKNINGER FRA GIVNE GRUNDE TIL TROEN AT PERSONLIGE FEJL KUNNE ANNULLERES GENNEM FROMME ELLER RITUELLE HANDLINGER, VED SKRIFTE ELLER ANGER ELLER VED SÆRLIG INDGRIBEN FRA OVERNAT-URLIGE KRÆFTER;

(16) DER FINDES SOM REGEL EN SÆRLIG KLASSE AF RELIGIØSE FUNK-TIONÆRER, DER TJENER SOM KUSTODER FOR DE HELLIGE GENSTANDE, SKRIFTER OG STEDER; SPECIALISTER I DOKTRIN, RITUAL OG PRÆSTELIG VEJLEDNING;

(17) SÅDANNE SPECIALISTER BLIVER SOM REGEL BETALT FOR DERES TJENESTER ENTEN GENNEM TRIBUT, BELØNNING FOR SPECIFIKKE FUNKTIONER ELLER GENNEM EN FASTSAT GAGE;

(18) NÅR SPECIALISTER HELLIGER SIG SYSTEMATISERINGEN AF DOKTRIN, FREMSÆTTES PÅSTANDEN REGELMÆSSIGT, AT RELIGIØS VIDEN TILVEJEB-RINGER LØSNINGER PÅ ALLE PROBLEMER OG FORKLARER BETYDNINGEN OG FORMÅLET MED LIVET OG INKLUDERER OFTE PÅSTÅEDE FORKLAR-INGER AF OPRINDELSEN OG FUNKTIONEN I DET FYSISKE UNIVERS OG MENNESKELIG PSYKOLOGI;

(19) DER PÅSTÅS LEGITIMITET FOR RELIGIØS VIDEN OG INSTITUTIONER VED HENVISNING TIL ÅBENBARING OG TRADITION: FORNYELSE RETFÆRDIGGØRES REGELMÆSSIGT SOM GENOPBYGNING; OG

(20) PÅSTANDE OM LÆRENS SANDHED OG RITUALERS KRAFT ER IKKE GENSTAND FOR EMPIRISK TEST, EFTERSOM MÅL I SIDSTE INSTANS ER TRANSCENDENTE, OG TRO KRÆVES BÅDE FOR MÅL OG FOR DE VILKÅRLIGE MIDLER, DER ANBEFALES TIL DERES OPNÅELSE. ∎

RELIGIONER SOM HISTORISKE ENTITETER

DEN OVENNÆVNTE OPGØRELSE ER FREMSAT I RELATIVT ABSTRAKTE generaliseringer, men virkelige religioner er historiske entiteter, ikke logisk konstruerede systemer. De omfatter vidt forskellige organiseringsprincipper, adfærdskodekser og trosmønstre, der er fastlagt i forskellige historiske epoker, som hver især inden for den samme brede, religiøse tradition var karakteriseret ved markante og nogle gange uforenelige opfattelser af religiøsitet. Inden for en religion er afvigende doktriner eller fortolkninger af rituelle praksisser ofte samtidigt anerkendt af tilhængere af forskellige grader af raffinement. Identiske troselementer eller tilbedelse kunne betragtes som symbolske af nogle, i sit inderste væsen kraftfuldt af andre, dog er der plads til begge i religiøse systemer, i hvilke der ikke har været så stor en udskiftning af en modstridende idé med en anden som en tilvækst af forestillinger og fortolkninger i løbet af historien. Forening af afvigende måder at forstå tro og tilbedelse kunne ske over tid, men hvorvidt, det sker, må afhænge af lederskabets autoritet og effektivitet såvel som af organiseringsmønstret. En sådan mangfoldighed inden for en given religiøs tradition komplicerer yderligere det bredere billede af forskelle blandt de større religiøse traditioner og deres utallige underafdelinger, som har udviklet sig i tidens løb. Den foregående opgørelse søger at benytte tilstrækkeligt brede kriterier for at give plads til virkningerne af religiøs udvikling, plads til de mere bogstavelige, konkrete, selv kvasi-magiske elementer, der varer ved på et eller andet niveau, selv inden for religiøse systemer som er kommet til at udtrykke og retfærdiggøre deres tro og aktiviteter i sofistikerede, abstrakte udtryk. Nogle religioner udviklet for ikke så længe siden kunne stort set eller endog fuldstændigt være sluppet udenom påvirkningen fra de primitive opfattelser, der overlever inden for andre, og kunne som konsekvens mislykkes i at opfylde et eller andet kriterium i opgørelsen (som nødvendigvis omfatter ting, der primært findes i gamle religiøse systemer, og som ikke altid har overlevet, mens de religioner har udviklet sig). Derfor antyder den historiske og evolutionære karakter i religiøs tankegang og praksis, at få hvis nogen religioner vil kvalificere lige godt på alle ting i en opgørelse, som giver sig i kast med at inkludere kendetegn, som tager hensyn til forskelligheden i det ydre, der omfattes af fænomenet religion. ∎

MANGFOLDIGHED OG GENERALISERING

DET FØLGER, AT PÅ MANGE PUNKTER ER GENERALISERING vedrørende religion ikke let: Så længe et fænomen, der let betegnes som "religion" anerkendes, er det, der skal slippes ind, den store mangfoldighed i mange spørgsmål blandt de utallige eksemplarer inden for slægten. Vesterlændinge, der beskæftiger sig med religion, er ikke ualmindeligt ofre for (ofte ubevidst) fordomme udsprunget fra den kristne tradition, men når først sådanne fordomme er lagt til side, bliver det indlysende, at mange af de konkrete ting, som på grundlag af den kristne model kunne antages at være en uomgængelig nødvendighed i religion, faktisk ikke kan findes i andre religioner. Således er hentydningen til et højeste væsen i den foregående opgørelse undgået, eftersom for theravada-buddhister (og for mange mahayana-buddhister) har det begreb ingen gyldighed. Tilbedelse, som der henvises til ovenfor, har meget forskellige bibetydninger for buddhister i forhold til dem, der antages af kristne, og selv inden for kristendommen er der bred mangfoldighed i opfattelse vedrørende tilbedelse blandt sådanne trosretninger som katolikker, calvinister, tilhængere af Christian Science og Jehovas Vidner. Opgørelsen henviser ikke specifikt til trosbekendelser, der har været af særlig vigtighed i kristendommens historie, men af langt mindre vigtighed i mange andre religioner, hvor korrekt adfærd ofte har været af større betydning end ortodoksi. Der er ingen omtale af sjælen, som er midtpunktet i ortodoks kristendom, fordi det begreb har en noget tvivlsom anvendelse i judaisme, og er på det bestemteste blevet fornægtet af nogle afvigende kristne grupper (f.eks. syvendedags adventister og Jehovas Vidner, som nu hver især har millioner af tilhængere over hele verden, og af kristadelfianere og de puritanere inklusiv John Milton, som var kendt som "mortalister", dvs. som troende der benægtede eksistensen af en udødelig sjæl). Opgørelsen nævner heller ikke helvede, eftersom det er en anden ting, der mangler i judaismen. Det abstrakte begreb, livet efter døden, hentyder til både ental og flertal som en måde at finde plads til de to afvigende begreber i kristendommen, dvs. om sjælevandring og om kroppens genopstandelse såvel som den noget anderledes redegørelse om reinkarnation i buddhisme og hinduisme. Derfor søger opgørelsen både at indikere ting på et højt abstraktionsniveau, men også at være praktisk til at lette identifikationen af anliggender som typisk er kendetegn for hvad, der indbefattes af en religion. ■

XIV

MANGFOLDIGHED I RELIGIONER: BUDDHISME & THERAVADA-BUDHISME

BUDDHISME FREMSTÅR SOM ET STØRRE EKSEMPEL PÅ EN RELIGION, som protesterer mod den stiltiende antagelse, at en religion nødvendigvis er monoteistisk. Buddhisme er ikke et system med monoteistisk tro, og selv i de forgreninger af buddhisme, hvor der er et tydeligt engagement i idéen om Buddhaen selv som en frelser for eksempel i Jodoshu og Jodoshinshu Pure Land-sekterne i Japan, når denne opfattelse ikke op til at betragte Buddhaen som en skaber-gud. Buddhisme generelt fornægter ikke en mangfoldighed af guders eksistens og aktivitet, og selvom de i nogle buddhistiske sekter ville være genstand for ærbødighed og forsoning, tildeles de ingen essentiel rolle i verdensordenen, som det anføres i buddhistiske lærer, og bliver virkelig, som mennesker, betragtet som værende underlagt lovene om karma og reinkarnation. For at illustrere karakteren af buddhisme følger nu en kortfattet fremstilling af læren i theravada-buddhismen, buddhismen i Sri Lanka, Burma, Thailand og Cambodja, som generelt af vestlige akademikere betragtes som den ældste tradition.

THERAVADA-BUDDHISME

Buddhismens anliggende er mennesket snarere end det materielle univers. Den fænomenale verden anses for ikke at have substans og at være i en konstant tilstand af stadig forandring. Selve mennesket er ikke mindre forgængeligt end den materielle verden. Det hverken er, ej heller indeholder det et selv, men er snarere en samling fænomener, hvis krop er del af den flygtige, fysiske verden. Mennesket er en forening af en række mentale og fysiske fænomener, som altid fortoner sig og opløses. Det udgør fem måder at "begribe": kroppen, sanseopfattelse, erkendelse, mentale fænomener og bevidsthed. Det er underkastet cyklussen at komme og gå [samsara]. Dets tilstand er lidelse, og det kendetegner al eksistens. Lidelse er foranlediget af begær og af lystfølelse, og at frigøre mennesket fra lidelse er tilskyndelsen i al buddhistisk lære. Alt er underlagt cyklussen fødsel og død. Genfødsel tænkes at optræde i forskellige hierarkiske riger sædvanligvis repræsenteret som fem: som guder, som mennesker, som ånder, som dyr eller i helvede (og nogle gange en sjette – som dæmoner). Af disse statusser er den som menneske den ene, i hvilken frigørelse er lettest opnåelig omend stadig fjern. Dyr er for sløve til at række ud efter frigørelse, og guder er for hovmodige.

En lov om karma fungerer som en neutral, ukrænkelig proces, alt efter hvilke tidligere handlinger udgør årsager, som har konsekvenser, der træder i kraft i efterfølgende liv. Derfor betragtes tilstanden, der opleves i den nuværende eksistens, som værende forårsaget af tidligere handlinger. Selvom karma ikke er fuldstændig deterministisk, er kvalitet, omstændighed og fysisk udseende bestemt af karma. Ikke desto mindre forbliver handlinger frie, og motiver såvel som handlinger giver effekt til karma. Gode handlinger hjælper til at forbedre mulighederne for fremtidige liv. Genfødsel ind i fremtidige liv indebærer dog ikke en tro på en sjæl, eftersom mennesket ikke anses at have nogen psykisk kontinuitet. Hvert liv er impulsen til den næste genfødsel. Der er således en "betinget skabelse", og liv er som led i en årsagskæde. Hvert liv har en betinget afhængighed af tidligere liv, ligesom en flamme tændes fra en anden.

Idéen om synd, som en central ting i den kristne plan for frelse og den evige fortabelse, som en forseelse mod gud(er), mangler også i buddhisme. Der er snarere sunde og usunde handlinger, der fører i retning af eller væk fra endelig frigørelse fra kæden med genfødsler og lidelse. Mennesket er låst inde i systemet med tilbagevendende genfødsler gennem begær (stærk længsel efter). Lystfølelse, lyst, velbehag, hengivenhed, den stærke længsel efter at blive til eller ødelægge skal alle resultere i lidelse. Frigørelse fra hengivenhed og begær vil forårsage, at lidelse ophører. Den frigørelse fra kæden af genfødsler opnås som nirvana, ophøret af begær, og dette skal opnås udelukkende gennem oplysning. De, der stræber efter det, vil før eller senere opnå det og således fjerne deres uvidenhed. Fuldkommen oplysning, som bringer nirvana, skal opnås af hvert individ for sig selv. Selvom han kunne hjælpes gennem instruktion, skal han ikke desto mindre selv betræde stien. I kontrast til lærerne i ortodoks kristendom hævdes det i theravada-buddhisme, at intet himmelsk væsen kan gå i forbøn for den troende, ej heller give ham nogen assistance i hans søgen efter frelse, ej heller kan dette mål opnås gennem bøn. Nirvana i sig selv er ikke intethed, som det undertiden har været fremstillet af kristne, men ses som en tilstand af lyksalighed, udødelighed, renhed, sandhed og evig fred, nået gennem at slukke al lidenskab. Det er erkendelsen af ”ikke-selvhed”.

Praktisk stræben i retning af at opnå frigørelse består i at betræde den ottefoldige sti med rigtige synspunkter; rigtige beslutninger; rigtig tale; rigtig opførsel; rigtigt udkomme; rigtig bestræbelse; rigtig bevidsthed; rigtig meditation. Alle disse påbud skal efterkommes samtidigt. At undlade at gøre dette er ikke at begå undladelsessynder, men blot at undlade at handle i overensstemmelse med oplyst egeninteresse. Tilhængere har også afsværget at overholde ti forbud; at forsage de ti bånd der binder mennesket til egoet; og at forsage de umoralske handlinger der forbydes. Men vægten ligger på at praktisere kærlig omsorg snarere end blot at bevare de moralske love. Hele pointen i religiøs praksis er at overvinde lidelse ved at overvinde egoets selvbedrag og således at modarbejde cyklussen af genfødsler og sjælevandring.

Som andre gamle religioner er buddhisme blevet modtageren af fremmede rester fra folkereligionerne i de regioner, hvor det har slået rod, og således blandt en af talrige fremmede "aflejringer" der findes både i dets formelle hele af gammel lære og samtidige buddhisters reelle udøvelse i Theravada-lande, er accept af idéen om eksistensen af guder. Disse væsner betragtes ikke som krævede genstande for tilbedelse, opfylder ingen speciel rolle og er alt i alt periferiske i forhold til de centrale temaer i buddhistisk soteriologi, består blot som rester eller tilvækster fra andre religiøse traditioner, som praktisk buddhisme tolererer og giver plads til.

Sluttelig kunne det bemærkes, at der ikke er nogen traditionel menighedsorganisation i buddhisme. Munke har ingen præstelige forpligtelser. Selvom nogle munke i de seneste årtier nogle gange har taget undervisningsmæssige opgaver op eller har arbejdet for social velfærd, har deres traditionelle virksomhed altid primært om ikke udelukkende været deres egen frelse, og ikke samfundstjeneste eller præstelig omsorg for lægfolk.

De giver lægfolk muligheder for at optjene merit og følgelig at skabe god karma ene og alene ved at give lægfolk muligheden for at tilvejebringe almisser til munke gennem at genopfylde tiggerskålen, som de hver især har med sig, og som symboliserer deres fattigdom og afhængighed.

Denne oversigt over theravada-buddhistisk lære gør den skarpe kontrast mellem denne religion og kristendom klar. Der er ingen skabergud, og derfor er tilbedelse af en helt anderledes slags end den fremherskende i de kristne kirker. Der er ingen forestilling om arvesynd, ingen idé om en personlig frelser eller om guddommelig mellemkomst.

Idéen om en udødelig sjæl med kontinuitet af bevidsthed er fraværende, og nirvana eller endeløse genfødsler er i skarp kontrast til den traditionelle kristne idé om storhed eller evig straf. Der er ingen dualisme med kød og ånd. Historiebegrebet er på ingen måde af den lineære slags, som det findes i den kristne plan for ur-lykke, syndefaldet, guddommeligheds indirekte selvopofrelse, global apokalypse og en eventuel genopstandelse af den reddede elite til himmelsk storhed.

Den cykliske plan med genfødsler er en orientering, som har meget dybe bibetydninger for andre facetter af det buddhistiske verdenssyn, og et som adskiller sig fra de vestlige opfattelser af tid, fremskridt, arbejde og materiel indsats. Skønt i fortiden ofte fordømt som et ateistisk system, hvad angår en upersonlig lov som den endelige kraft i universet, og fjernt fra traditionelle vestlige fordomme om hvad "sand religion" burde minde om, er buddhisme ikke desto mindre i dag universelt anerkendt som en religion. ∎

Idéen om synd, som en central ting i den kristne plan for frelse og den evige fortabelse, som en forseelse mod gud(er), mangler også i buddhisme. Der er snarere sunde og usunde handlinger, der fører i retning af eller væk fra endelig frigørelse fra kæden med genfødsler og lidelse.

XV
MANGFOLDIGHED I RELIGIONER: JAINAERNE

En ikke mindre radikal udfordring til snævre vestlige opfattelser af hvad, der udgør religion, tilvejebringes af jainismen, en anerkendt religion i Indien, og en der normalt inkluderes i listen med (sædvanligvis elleve) store religioner. Om den har Sir Charles Eliot skrevet: "Jainisme er ateistisk, og denne ateisme er som regel hverken undskyldende ej heller polemisk, men accepteres som en naturlig, religiøs holdning." Jainaer benægter imidlertid ikke eksistensen af devaer, guddomme, men disse væsner bliver ikke i mindre grad end mennesker betragtet at være underlagt lovene om sjælevandring og forfald, og de bestemmer ikke menneskets skæbne. Jainaer tror, at sjæle er individuelle og evige. De er ikke en del af en altomfattende sjæl. Sjæle og materie bliver hverken skabt ej heller ødelagt. Frelse skal opnås gennem frigørelsen af sjælen fra de fremmede elementer (karmiske elementer), der tynger den ned. Disse elementer giver adgang til sjælen gennem individets lidenskabelige handlinger. Sådanne handlinger forårsager genfødsel blandt dyr eller ubesjælede substanser; fortjenstfulde handlinger skaber genfødsel blandt devaerne. Vrede, stolthed, svig og grådighed er de væsentlige hindringer for frigørelse af sjælene, og ved at modstå eller bukke under for dem er mennesket herre over dets egen skæbne. Ved at undertrykke selvet og ved ikke at gøre skade på noget væsen, selv på skadelige insekter, og ved at leve et asketisk liv kunne et menneske opnå genfødsel som en deva. De moralske regler for den fromme troende er at vise venlighed uden håb om tilbagevenden; at glædes ved andres trivsel; at søge at lindre andre folks lidelse; og at vise sympati for forbryderen. Selv-ydmygelse menes at tilintetgøre ophobet karma. Jainisme omfatter en asketisk etik, men det er askese af en helt anden slags end den propaganderede i den kristne tradition, der straks bliver mere passiv og mere fatalistisk. ■

XVI
MANGFOLDIGHED I RELIGIONER: HINDUISME

Hinduisme er en anden religion, som i dets meget store mangfoldighed ikke klarer testen for religions monoteistiske kriterier, der kan findes i forskellige vestlige lande. I dens klassiske form kunne hinduisme fremstilles som en form for ikke-dualistisk panteisme, i hvilken brahman er den absolutte, men upersonlige guddom, ånd, som er iboende i al væren. Brahman ses som overskridende godt og ondt. Han fremstilles ikke så meget som en skaber, som en gennemtrængende kraft fra hvilken alle ting strømmer ud, og til hvem alle ting vender tilbage. Han er ikke blot allestedsnærværende i alle ting, men han er alle ting. Den frigjorte sjæl bliver et med ham og erkender, at intet andet eksisterer. Men denne form for guddom er fjernt fra de opfattelser af guddommelighed, som findes i kristen monoteisme. Den findes desuden ved siden af andre fremstillinger af pluralistiske guddomme, som, idet de forandrer og omdanner sig fra en til en anden, repræsenterer de polyteistiske aspekter i hinduisme. Givet tolerancen for foretagender og påstande inden for hinduisme, som ifølge vestlig logik er internt modstridende, ville det være umuligt at bekræfte, at hinduisme er specielt panteistisk eller polyteistisk: Den er klart begge dele. I begge tilfælde består den ikke testen for at være et monoteistisk system, som postulerer en skabergud, en dualistisk kosmologi og behovet for tydelig tilbedelse af den gud, sådan er de forudfattede meninger om, hvad en religion burde være, som kunne være avanceret fra dem, der bare er bekendte med jødekristen-islamiske traditioner.

HINDUISME: SANKHYA-SKOLEN

Hinduisme er en religion med stor, intern mangfoldighed. Seks gamle og indbyrdes afvigende filosofiske skoler er anerkendt som ortodokse. En af disse, sankhya, er hverken teistisk heller panteistisk. Som jainisme underviser sankhya i, at ur-materie og den individuelle sjæl er både uskabt og uforgængelig. Sjælen kunne gøres fri gennem at kende sandheden om universet og gennem kontrol af lidenskaberne. I nogle tekster fornægter sankhya eksistensen af en personlig, højeste guddom, og under alle omstændigheder betragtes ethvert begreb om guddom som overflødigt og potentielt selvmodsigende, eftersom karma styrer menneskets anliggender op til det punkt, hvor det selv kan afgøre, at det bør søge frigørelse. Sankhyas fire mål ligner buddhismens: At kende lidelse fra hvilket mennesket skal frigøre sig; at frembringe ophøret af lidelse; at opfatte årsagen til lidelse (undladelsen af at skelne mellem sjæl og materie); at lære måden til befrielse at kende, nemlig skelnen af viden. Som andre skoler underviser sankhya i det karmiske princip: Genfødsel er en konsekvens af ens handlinger, og frelse er flugt fra cyklussen med genfødsler.

Sankhya omfatter en form for dualisme. Det er ikke den kristne dualisme med godt og ondt, men en radikal forskel mellem sjæl og materie. Begge er uskabte, uendeligt eksisterende ting. Verden er resultatet af materiens udvikling. Sjælen ændrer sig dog ikke. Sjælen lider, fordi den er fanget i materie, men dette fangenskab er en illusion. Når sjælen først er bevidst om, at den ikke er del af den materielle verden, ophører verdenen med at eksistere for den særlige sjæl, og den er fri. Ifølge sankhya-teori undergår materie udvikling, opløsning og hvile. I udviklingen frembringer materie intellekt, individualitet, sanserne, moralsk karakter, vilje og et princip, som overlever døden, og som gennemgår sjælevandring. Ved at være forbundet med sjæl bliver den fysiske organisme et levende væsen. Kun i denne forbindelse erkendes bevidsthed: hverken materie i sig selv ej heller sjæl i sig selv er bevidst. Selvom sjælen er et levendegørende element er den ikke i sig selv det liv, som ender i døden, ej heller er det liv, som er overført fra en eksistens til en anden. Selvom den ikke i sig selv handler eller lider, afspejler sjælen den lidelse, der forekommer, meget som et spejl reflekterer. Det er ikke intellektet, men det er en uendelig og ulidenskabelig entitet. Der er utallige sjæle, og de er særskilte. Målet er for sjælen at frigøre sig fra illusion og således fra fangenskab. Når først den er frigjort, er sjælens tilstand i buddhisme ækvivalent med nirvana. En sådan frigørelse kunne forekomme før døden, og den frigjortes opgave er at undervise andre. Efter døden er der en mulighed for fuldstændig frigørelse uden trussel om genfødsel.

Sankhya gør ingen indvendinger mod at tro på populære guddomme, men de er ikke del af dens operative orden. Det er viden om universet, som frembringer frelse. I denne forstand er kontrol af lidenskaberne og ikke moralsk adfærd central. Godt arbejde kan kun frembringe en lavere form for lykke. Ofring er heller ikke virkningsfuld. At underordne sig moralen på et sted med lavere værdi end viden samt den delvise ophævelse af godt arbejde beløber sig til markante forskelle i forhold til kristendommens krav og repræsenterer en anderledes form for religiøsitet. Hverken etik ej heller ritualerne er af stor vigtighed for sankhyas verdensorden. Her er der også tydeligvis en skarp kontrast til kristendommen, hvor etik og ritualer omend i forskellige grader i forskellige trosretninger, uomgængeligt udgør nødvendige dele af det samlede trossystem og tilbedelse. ∎

"Som andre skoler underviser sankhya i det karmiske

princip: Genfødsel er en konsekvens af ens handlinger,

og frelse er flugt fra cyklussen med genfødsler."

XVII

MANGFOLDIGHED I RELIGIONER: POLYTEISME

RA DE FOREGÅENDE EKSEMPLER PÅ RELIGIØSE TROSSYSTEMER ER det tydeligt, at det at tro på et højeste væsen er et utilstrækkeligt kriterium for religion. Til trods for nogle kristne kommentatorers tøvende, gammeldags fordom ville dette punkt generelt få omgående tilslutning fra videnskabsfolk inden for komparative religionsstudier og religionssociologer. Status som en religion ville ikke blive nægtet buddhisme, jainisme eller hinduisme desuagtet fraværet af ethvert begreb om et højeste væsen eller skabergud. Hvis disse eksempler på panteistiske og ateistiske, men ikke desto mindre ubestrideligt religiøse trossystemer frembyder en kontrast til kristne idéer om, hvad en religion burde ligne, så gør polyteistiske anskuelser det også, selvom de ikke så let kan fremvises i organiseret eller sammenhængende form. Taoisme, nu generelt betragtet som en religion i lærebøgerne i komparativ religion, tilvejebringer sådant et tilfælde. I kontrast til åbenbarede religioner trækker taoisme på tilbedelse af natur, mysticisme, fatalisme, politisk kvietisme, magi og anedyrkelse. I århundreder var det officielt anerkendt i Kina som en organiseret religion med templer, tilbedelse og gejstlighed. Den reflekterede over forestillinger om overnaturlige væsner, herunder Jadekejseren, Lao-Tzu, Ling Po (marskal for overnaturlige væsner) og de Otte Udødelige i kinesisk folklore, Byguden, Hjertets Gud blandt andre sammen med utallige ånder. Taoisme mangler dog en højeste skaber, en frelsergud af den kristne slags og en koordineret teologi og kosmologi. Tilfældet taoisme illustrerer den kendsgerning, at religioner ikke opstår helt flyvefærdige som trossystemer, praksis og organisation. De gennemgår udviklingsprocesser i alle disse aspekter, som nogle gange kommer til at omfatte elementer helt i strid med tidligere opfattelser. Sammenvoksninger af myte og ritual og forandringer i organiseringen har været normalt i religionshistorie, og nogle af disse nye elementer er til tider kun delvist assimileret og er på ingen måde altid præsenteret forenelige med hinanden. ∎

XVIII

MANGFOLDIGHED I RELIGIONER: ET MODERNE EKSEMPEL

Forskelligheden i opfattelser af guddommelighed, tilbedelse, frelse og andre religiøse anliggender bliver endnu mere tydelig, når det udvides ud over de større gamle religiøse traditioner til nyere religioner. Nye religiøse bevægelser er ikke blot talrige, men også indbyrdes vidt forskellige. Nogle stammer fra kristne traditioner; nogle har orientalsk oprindelse; andre søger at genoplive mystiske traditioner; andre favner den spiritistiske metafysiks ”New Age”-lærer. Til ganske enkelt at understrege omfanget af udtryk for religiøsitet kunne vi med det direkte formål betragte en bestemt ny religion, som adskiller sig fra alle disse – Scientology. I nogle aspekter forekommer Scientology ikke ulig buddhisme, jainisme og sankhya-traditionen i hinduisme, men præmissen, på hvilken dets soteriologi hviler, er praktiske og systematiske, terapeutiske teknikker. Den tilbyder tilhængere en vej med åndelig oplysning, der er inddelt i grader. Den påstår at befri tilhængere for de uheldige virkninger af fortidige traumer, hvad enten de er oplevet i det nuværende eller i tidligere liv. Den er fri for dogmer, og selvom Scientology i abstrakte former som ”den ottende dynamik” anerkender et højeste væsen, går den ikke ind i at beskrive dets egenskaber. Ej heller er det væsen genstand for påkaldelse eller andagt. Mennesket regnes for en åndelig entitet, en thetan, som optager materielle menneskekroppe i på hinanden følgende liv. Selvom

"*I nogle aspekter forekommer Scientology ikke ulig buddhisme, jainisme og sankhya-traditionen i hinduisme, men præmissen, på hvilken dets soteriologi hviler, er praktiske og systematiske, terapeutiske teknikker. Den tilbyder tilhængere en vej med åndelig oplysning, der er inddelt i grader.*"

den ikke er en del af det fysiske univers, siges thetanen at være blevet viklet ind i det og i processen at have erhvervet et reaktivt sind, som responderer irrationelt og emotionelt på hvad som helst, som genkalder smertefulde og traumatiske oplevelser. Frelse er den proces, hvormed det reaktive sind bliver reduceret og til sidst elimineret, hvilket tillader individet at leve med dets fulde potentiale. Selvom det, der i den buddhistiske, karmiske verdensorden siges, at ikke genkaldte fortidige gerninger uigenkaldeligt bestemmer nutidige livsoplevelser, hævdes det, at Scientologys teknikker gør individet i stand til at genkalde, konfrontere og overvinde fortidens ødelæggende effekter af uheldige begivenheder. Det endelige mål for thetanen er at eksistere uden for den fysiske verden og således uden for kroppen – en tilstand som har analogier med den kristne opfattelse af den frelste sjæl, skønt det er en tilstand, der opnås gennem meget forskellige fremgangsmåder og udtrykkes i meget anderledes udtryk.

Scientology adskiller sig radikalt fra både kristne og buddhistiske soteriologiske ordener, idet den påstås at standardisere og rationalisere teknikkerne, der fører til frelse. Den anvender nye, tekniske metoder på åndelige mål i forsøget på at introducere sikkerhed og et pragmatisk retfærdiggjort system i åndelige øvelser. Scientology, der dukkede op i en periode, i hvilken den verdslige verden i stigende grad har været domineret af videnskab, er også engageret i idéen, at mennesket har brug for at tænke rationelt og at kontrollere dets forstyrrende følelser som et middel i retning af åndelig oplysning og frelse. Det repræsenterer en vigtig strømning i vor tids mangfoldighed af religiøs tilkendegivelse i vor pluralistiske, religiøse kultur. ■

MANGFOLDIGHED I RELIGIØSE TRADITIONER

MANGFOLDIGHEDEN MELLEM RELIGIONER FULDSTÆNDIGGØRES af mangfoldighed i religioner, og det selv i en autentisk, ortodoks tradition, det vil sige uden hensyn til de forskellige manifestationer i meningsforskelle, som vi allerede har haft lejlighed til at omtale. Det skal erkendes, at konsekvens ikke er et første ønskemål for religion, og selv kristendommen, som har kunnet glæde sig over langt mere systematisk strukturerede mønstre i både doktrin og organisering end nogen anden religion, anerkender ikke desto mindre upræcise formuleringer i doktrinen, dobbelttydigheder, manglende konsekvenser og endda direkte modsigelser. Traditionelt, religiøst sprog selv kristendommens sætter sig bestemt ikke altid for at eliminere dobbelttydigheder, men søger nogen gange endog at fastholde dem. Sådanne sprog fungerer ikke blot, ej heller nødvendigvis primært, for at betegne egenskaber. Det har lige så vigtige funktioner i at kalde på emotionelle responser og i at foreskrive værdier og karakteranlæg. Det kognitive, emotionelle og evaluerende er uløseligt blandet sammen på en måde, der er helt fremmed for videnskabeligt informeret tænkning. Som konsekvens af denne multifunktionalitet, er religions sprog ofte mangelfuldt, når det betragtes videnskabeligt eller retsligt, hvad angår klarhed, definition og specificitet. Det kunne forstås som normalt i religion som i tilfældet med kristendom, når vedholdende intellektuel bestræbelse har været anvendt i århundreder til at udtrykke religiøse doktriner sammenhængende.

MANGFOLDIGHED OG RELIGIØS UDVIKLING

Den kendsgerning, at religioner udvikler sig, bidrager i nogen grad til den interne mangfoldighed i en ortodoks tradition. En sådan udvikling fremgår tydeligt i de jødekristne skrifter, og uden anerkendelse af den proces er det vanskeligt at forlige den hævngerrige stammeguddom i det Gamle Testamentes optegnelse af de gamle israelitter med det langt mere åndeligt undfangede og universelle væsen i de senere profeters skrifter i Det Nye Testamente. Forsøg på at gøre disse afvigende fremstillinger af guddom forenelige har givet anledning til stridigheder i og mellem kirker og bevægelser og blandt teologer. De kristne teologers tilgrundliggende antagelser har til stadighed skiftet i århundredernes løb, men der er intet, der ligner enighed blandt dem, selvom der blandt kristne lægmænd kan findes langt flere vidt forskellige holdninger vedrørende alle troens grundtræk. Nogle af de holdninger er karakteristiske for positioner, der mere generelt blev holdt for århundreder siden, og deres vedholdenhed blandt nogle lægmænd synliggør behovet for en påskønnelse af det religiøse udviklingsfænomen, hvis mangfoldigheden i den ene ortodokse tradition skal forstås. For således at give eksempler tror de fleste liberale, selvbestaltede "oplyste" kristne i dag ikke længere på helvede eller djævelen, men det er der mange kristne, der gør, og ikke kun de der beskrives som "fundamentalister". Eller i det attende og nittende århundrede erklærede de fleste kristne, de troede på kroppens bogstavelige genopstandelse, men i dag er det kun en minoritet af ortodokse troende, der ser ud til at tiltræde denne trosartikel. Men alligevel har kristne i århundreder bestridt den profeterede begyndelse på årtusindet, uanset om det ville gå forud for eller følge efter Jesu Kristi andet komme, selvom mange ser ud til helt at have opgivet denne mulighed. ■

TEOLOGISKE MENINGER OG RELIGIØS TRO

HVIS TOLERANCEN FOR FORSKELLIGE RELIGIONER ER VOKSET, HAR en faktor, som måske tilfældigt har gjort den tolerance vanskelig at holde tilbage, været den voksende væsensforskellighed mellem teologers trosretninger og nogle af de mere engagerede lægfolk fra den nominelt samme religiøse anskuelse. En del af lægmændene bekræfter fortsat den bogstavelige inspiration i skrifterne, selvom andre, der er mindre sikre på mundtlig inspiration, ikke desto mindre tror på autenticiteten i det, de forstår, skrifterne udtrykker. Skønt ofte mindre fjernt fra almindelige troende lægfolk, end der er gejstlige mellem de akademiske og professionelle teologer, afviser de også ofte i dag troens centrale doktriner. I de sidste få årtier har der været anglikanske [dvs. episkopale] biskopper, som åbent har afveget fra sådanne grundliggende ting i den kristne tro som jomfrufødslen, Jesus' genopstandelse og Kristi genkomst. Nogle lægfolk inden for samme betegnelse er blevet meget oprørte og forargede. Teologer er gået videre, nogle af dem bestrider eksistensen af et højeste væsen af den slags, der traditionelt set hyldes af den kristne kirke. Denne meningsstrøm er blevet drøftet indgående af nogle af de mest berømte og anerkendte, moderne teologer, det kan især findes i skrifterne af Dietrich Bonhoeffer og Paul Tillich, men kunne måske være i dets mest populære og indflydelsesrige tilkendegivelse af J. A.

T. Robinson, biskop af Woolwich. I 1963 opsummerede biskoppen denne tendens i kristen tænkning i sin bestseller Honest to God. Han fremlagde argumenterne for opgivelsen af idéen om Gud som et personificeret væsen, der eksisterede "derude", og han udfordrede hele idéen om "kristen teisme". Han citerede Bonhoeffer:

"Mennesket har lært at magte alle spørgsmål af betydning uden at ty til Gud som arbejdshypotese. I spørgsmål vedrørende videnskab, kunst og endog etik er det blevet noget, der er forstået, som man knap nok tør gå løs på længere. Men i de sidste hundrede år eller så er det også blevet mere og mere sandt for religiøse spørgsmål: det bliver tydeligt, at alt klares uden 'Gud' ligesom før." [s. 36]

Fra Tillich citerede biskoppen følgende:

"Navnet på denne uendelige og uudtømmelige dybde og grund for al væren er Gud. Den dybde er, hvad ordet Gud betyder. Hvis det ord ikke har megen mening for dig, fortolk det, og tal om dybderne i dit liv, om kilden til din væren, din endelige ængstelse, om hvad du uden forbehold tager seriøst … Han som kender til dybde, kender til Gud." [s. 22]

For sig selv siger biskoppen:

"… som han [Tillich] siger, teisme, som det normalt forstås, 'har gjort Gud til en himmelsk, helt perfekt person, som leder af verden og menneskeheden'" [s. 39] "… jeg er overbevist om, at Tillich har ret i at sige, at ateismens protest mod sådan en højeste person er korrekt." [s. 41]

"Vi skal til sidst ikke være mere i stand til at overbevise mennesker om eksistensen af en Gud 'derude', som de skal kalde ind til at befale deres liv, end at overtale dem til at tage Olympens guder alvorligt" [s. 43]; "at sige, at 'Gud er personlig', er at sige, at personlighed er af afgørende betydning i indretningen af universet, at i personlige forhold berører vi den endelige betydning af eksistens som ingen andre steder." [siderne 48-49]

Idet han skelnede, som teologer gør, mellem virkelighed og eksistens, hævdede biskoppen, at Gud i sidste instans var virkelig, men at han ikke eksisterede, eftersom at eksistere ville have indebåret at være begrænset i tid og rum og således være del af universet.

Hvis idéen om et højeste væsen blev udæsket, så blev den traditionelle forståelse af Jesus det også. En genfortolkning af Det Nye Testamente og af personen Jesus havde også været i gang i tankeprocessen i højere teologiske kredse i det tyvende århundrede. I 1906 havde Albert Schweitzer udgivet et værk under den oversatte engelske titel The Quest of the Historical Jesus, i hvilket han skildrede Jesus som en jødisk profet med noget vildførte idéer og i høj grad en skabning af sin tid. En mere radikal og kritisk "af-mytologisering" blev foretaget af Rudolf Bultmann, der i begyndelsen af 1940'erne viste, hvor fuldstændigt evangelierne var underlagt de fremherskende myter på det tidspunkt, de blev skrevet. Han søgte at vise, hvor få af de begreber, der blev brugt i evangelierne, som kunne accepteres af det tyvende århundredes menneske. Budskabet til menneskeheden i Det Nye Testamente så han særlig meget i præmisserne for tysk eksistentialistisk filosofi: Kristendom blev en rettesnor for individets moralske liv, men han så det ikke længere som troværdigt som en grundstamme i at lære om Guds skabelse og hans herredømme over verden. Bultmanns arbejde rejste ny tvivl om den traditionelle påstand, at Jesus i virkeligheden var Gud, og som følge deraf såede tvivl om hele kirkens kristologiske lære. Denne historiske relativisme fandt yderligere udtryk i et værk med titlen The Myth of God Incarnate (redigeret af John Hick) udgivet i 1977, i hvilket et antal af de mest ansete, anglikanske teologer bestred den traditionelle kristne, ortodokse doktrin opstillet på Chalcedon-rådet [451 ad] om Guds forhold til mennesket Jesus. Moderne teologer fandt det vanskeligt at tro, at Gud var blevet menneske på den måde, som kirken havde undervist i i de foregående femten århundreder.

Disse forskellige strømninger i teologisk argumentation: den overvejede afvisning af begrebet om en personlig Gud; opgivelse af teisme; det nye eftertryk på Bibelens relativisme og udfordringen af accepterede begreber om Kristi natur og hans forhold til guddommeligheden – alt udgør en voldsom afvigelse fra den vedtagne forståelse af kristendommen og til troen blandt de fleste troende lægfolk. Meninger, der udstedes selv fra kristne kilder vedrørende religions natur, bragte nu på denne måde det ubetingede kristne kriterium, med hvilket religion tidligere var blevet defineret, op. ■

RELIGION OG SOCIAL FORANDRING

GIVET DE ØGEDE PRES FOR FORANDRING I MODERNE SAMFUND ville det være overraskende, hvis nogen større social institution havde vist sig immun over for konsekvenserne af processen. Selvom den har været fast forankret i den frivillige sfære inden for social aktivitet, har religion bestemt reageret og dukker op i mere og mere forskelligartede former og med skiftende hjertesager. I takt med, at den almindelige befolkning i den vestlige verden er blevet mere uddannet, har nye religioner haft tendens til i mindre grad at lægge vægt på de konkrete aspekter i de prosaiske, historiske episoder i religiøs historie, og hvis de overhovedet blev inkluderede, blev det gjort som poetiske eller symbolske metaforer. Der har selv inden for kristne mainstream-traditioner været et mindre og mindre eftertryk på doktriner vedrørende Gud, skabelsen, synd, legemliggørelse, udfrielse eller den evige fortabelse og et større eftertryk på mange forskellige anliggender. På det praktiske niveau, og specielt i de større kristne trosretninger, er disse spørgsmål forankret i væksten i sjælesorg, der udviklede sig fra midten af det 19. århundrede og fremefter, som nu manifesteres i mange nye former for specialiseret præstegerning. Industrimæssigt præstehverv (herunder den nedlagte arbejder-præst-bevægelse); præsteembede på hospitaler og i fængsler; specialiseret vejledning i ægteskabsrådgivning; kristen terapi og healing; rehabilitering af stof- og alkoholafhængighed; seksuelle problemer og holdninger til arbejde er alle hverdagsindikatorer for de forskellige praktiske anliggender, der stimulerer samtidig religiøs og åndelig bestræbelse. På det mere teoretiske niveau er de blevet suppleret med fornyet opmuntring af en etik med personligt ansvar; bekymring for social retfærdighed; søgen efter personlig opfyldelse og selvstændiggørelse og anvendelsen af religion som en kilde til positiv tænkning.

Disse nye orienteringer har fundet udtryk i både ortodokse og afvigende udtryk inden for kristendommen, men det, der også har fundet sted i vestlige samfund, har ikke blot været udbredelsen af nogle af Orientens større trosretninger, i stort omfang oprindeligt båret af immigranter, men også af bevægelser der udspringer fra disse religioner, nogle af dem specifikt modificeret i form og udtryk for at appellere til en vestlig tilhængerkreds. Udover dem er der bevægelser, som i sit inderste trækker på gammelt hedenskab; andre som påkalder et eklektisk udvalg af mystiske traditioner som de inspirationskilder, de trækker på. Endnu andre bevægelser søger at genoplive og udbrede praksissen med okkulte kunster. Til hele denne variation skal der tilføjes nye religioner, der deler noget af den videnskabelige orientering i nutidssamfund, og som bruger deres videnskab til mål, som kun kan beskrives som åndelige. I baggrunden er der også de mere traditionelle kristne sekter, hvoraf nogle engang vakte bekymring blandt ortodokse kristne og til tider øvrighedernes fjendtlige indstilling, men som i dag i stadig stigende grad bliver tolereret og nødvendigvis accepteret som del af den religiøse mosaik i nutidssamfundet. At de ikke længere har så voldsomt fokus på opmærksomhed eller bekymring afspejler den kendsgerning, at de inden for rammerne af nutidens religiøse mangfoldighed ikke længere ser så underlige eller så afvigende ud, som de engang gjorde. ∎

XXII

TRADITIONELLE SEKTER

STRENGT TAGET ER BEVÆGELSER, SOM REGNES FOR SEKTER, DE, DER udgør "adskilte troende", det vil sige, grupper der på grund af forskelle i doktrin, praksis eller organisering er i splittelse fra mainstream-kirker(ne), den brede tradition som de dog stort set deler. Det er dette element med at dele og formindskelsen af betydningen af deres forskelle over tid, som tillod nogle fordums sekter at stige til positionen at blive betragtet som trosretninger. Trosretninger deler almindeligvis tæt jævnbyrdighed i agtelse med hinanden. De bliver anerkendt som sådan, ligesom de spørgsmål om hvilke der er et spændt forhold til med det bredere samfund – et sådant spændt forhold er den typiske omstændighed, at bevægelser betegnet som sekter – opløser sig eller opløses. Baptisterne, Kristi disciple, nazaræernes kirke og på visse punkter selv metodisterne er alle eksempler på grupper, som har bevæget sig igennem sekt-til-trosretning-processen. Den gradvise anerkendelse af status som trosretning af bestemte bevægelser indikerer også den stigende tolerance i det bredere samfund, som lidt efter lidt til sidst mildnede de juridiske restriktioner (i Europa) på disse bevægelser og den sociale forsmædelse, som de led.

Ikke alle sekter udvikler sig dog til trosretninger, og meget afhænger af deres oprindelsesforhold og den type orientering over for verden, som karakteriserer deres lære. Sekter, der som Jehovas Vidner og kristadel-fianerne gør den tidlige Kristi genkomst til det primære fokus i deres anskuelser, er tilbøjelige til at forblive i et sekterisk spændt forhold til det bredere samfund, specielt hvis de følger et energisk, evangelisk program. Så er også sekter såsom Exclusive (dvs. Plymouth) Brethren, som (selvom de også bifalder tro på den tidlige genkomst af Kristus) gør deres centrale sag til tilbagetrækning fra det bredere samfund, som ifølge sagens natur betragtes som ondt, ind i deres eget eksklusive fællesskab. Det spændte forhold, der eksisterer mellem sekter som disse og myndighederne og til tider mellem sekterne og offentligheden i almindelighed, har haft tendens til ikke at være koncentreret om noget i straffeloven, men på sekterernes afvisning af at deltage i det civile ansvar, som almindeligvis kræves af borgere. Derfor har de typisk gjort samvittighedsfulde indvendinger mod militærtjeneste eller som i tilfældet med nogle sekter, der søgte fritagelse fra at gøre tjeneste som jurymedlem eller fra medlemskab i fagforeninger i lande (Storbritannien og Sverige), hvor sådant medlemskab i visse industrier praktisk talt var obligatorisk. I tidens løb er sådanne samvit-tigheds-rettigheder i land efter land gradvist blevet tilstået som Jehovas Vidners rettighed i USA til at blive fritaget for at hilse nationalflaget eller deltage i afsyngningen af nationalsangen i skoleforsamlinger eller ved andre officielle lejligheder. Kristne sekter har i disse og andre tilfælde kæmpet og ofte vundet deres sag ved nationale eller til tider internationale domstole: ved at gøre det har de således gjort området religiøs frihed større. Men som med de sekter, som til sidst blev trosretninger, var de specielt i deres tidligste dage som nye bevægelser ofte udsat for forfølgelse, diskrimination og chikane. ■

XXIII

OPPOSITIONEN TIL NYE RELIGIONER

ENS MAGTHAVERNE SÅVEL SOM OFFENTLIGHEDEN I ALMINDE-lighed i vestlig kristendom ofte har defineret religion snævert, i overensstemmelse med den velkendte model fra den vedtagne tradition i ortodoks kristendom, har nye religioner i historiens lange løb været genstand for ofte heftig opposition. Tilfældet går selvfølgelig tilbage til før kristendom i sig selv blev etableret. I den romerske verden var de tidlige kristne selv genstand for beskyldninger, som stadig er velkendte – kristne skulle angiveligt splitte familier; blev anklaget for kræmmeragtige motiver; det forlød, de engagerede sig i sexorgier; og der blev sagt, de forsøgte at infiltrere sociale eliter på jagt efter uheldsvangre, politiske formål. Kristendommens fornemt afvisende karakter tiltrak sådanne påstande, men det samme karaktertræk sammen med dets hvervning af proselyttisk tjenstivrighed gjorde selve kristendommen til et enestående organ for religiøs intolerance, som varede ved i nogle lande og i større eller mindre grad helt op til nyere tider. Således oplevede kvækerne brutal forfølgelse i hænderne på myndighederne i det syttende århundredes England, hvor mange af dem blev fængslet ene og alene på grund af de vedkendte sig deres religiøse tro. Metodisterne, som en ny religion i det attende århundredes England, blev mobbet og slået, og nogle af deres kirker blev revet ned, nogle gange med stiltiende samtykke eller endog på opfordring fra lokale øvrighedspersoner. I slutningen af det nittende århundrede var Frelsens Hær årsag til optøjer, i hvilke nogle af deres medlemmer blev slået ihjel i England, medens de i Schweiz offentligt blev anklaget for bedrag og økonomisk udnyttelse, og mormonerne, der nogle gange blev fængslet, når de søgte at rekruttere nye medlemmer i Skandinavien, blev genstand for lignende anklager. Historien tydeliggør fortegnelsen over opposition til nye former for religiøst og åndeligt udtryk selv i de mere demokratiske og angiveligt mere tolerante lande i den vestlige verden. Over for den historiske fortegnelse står internationale organers nylige resolutioner, som kræver, at stater skal udøve og opfordre til religiøs tolerance, i skarp kontrast. ■

XXIV

TYPERNE AF NYE RELIGIONER

SELVOM DET ALMINDELIGVIS ER TILFÆLDET, AT STØRRE FJENDTLIGHED ofte fremprovokeres af sekteriske kættere end af de, med hvem ingen antydning af fælles tro er eller nogensinde blev delt, at fordums trosfæller, som er brudt ud, oplever den største forsmædelse, har moderne samfund ikke desto mindre også udvist bemærkelsesværdig og vedholdende intolerance over for nogle af de nye religioner, der er dukket op siden den anden verdenskrig. Selvom nogle af disse bevægelser kunne grupperes efter bred "slægtslighed", kan radikale forskelle skelnes blandt andre. Sociologer har søgt at etablere nogle brede kategorier, mindre i kraft af delte grupper af lære end af målenes lighed, antagelser og perspektiver som forskellige bevægelser omfatter. De har summarisk og bredt skelnet mellem bevægelser, der beskrives som de, der "bekræfter verden", kontra de der "giver afkald på verdenen". Bevægelser, der bekræfter verden, er de, der responderer positivt på den eksisterende verdslige kultur, og som tilbyder deres tilhængere muligheden for ikke blot åndelige velsignelser, men for materiel og sjælelige fordele gennem forbedret emotionel sikkerhed, terapi, øget kompetence og social og måske også økonomisk succes. Bevægelser, der giver afkald på verden, søger som kontrast så vidt muligt at trække deres medlemmer tilbage fra en hvilken som helst form for engagement i det brede samfund og den verdslige kultur og tilbyder mulighed for belønning enten i den tilbagetrukne gruppe eller lyksaligt i liv efter døden eller nogle gange i begge. Disse brede kategorier øver selvfølgelig ikke retfærdighed til de raffinementer i nogen bevægelses teorier eller praksis, men de klarlægger en grundlæggende dikotomi i orientering blandt de flere hundrede nye, religiøse grupper, der kan findes i moderne vestlige samfund.

Disse to fundamentale orienteringer er ikke nye i religionshistorien, som er åbenbar fra selv et flygtigt bekendtskab med, på den ene side målene i magiske systemer og på den anden side den asketiske, middelalderlige katolicismes given afkald på verdensforsagende etik eller i varierende form calvinisternes i det syttende århundrede. Begge orienteringer kan findes i samtidens mainstream kristendom, selvom forsagelse af verden på det sidste har givet plads til en stærkere strøm af et verdensbekræftende etos. Dog har nye bevægelser af begge tendenser på trods af orienteringer, som de nogle gange deler med etableret religion, lidt under opposition, fjendtlighed, chikane og endog forfølgelse i de seneste årtier. Fordi i det ene tilfælde varierer de ofte så radikalt i sager vedrørende organisering, monoteistisk engagement, karakteren af tilbedende praksisser blandt andre ting, at de nemt kan anklages for ikke at være religiøse overhovedet; eller i det andet tilfælde fordi deres religion overtaler tilhængere til at engagere sig i esoterisk mysticisme, anses de som samfundsfjender.

NYE RELIGIONER DER GIVER AFKALD PÅ VERDENEN

De nye bevægelser som giver afkald på verden er hovedsageligt, men ikke udelukkende, varianter eller afledninger af hinduisme eller buddhisme, i hvilke religioner denne orientering generelt er fremherskende. Nogle (men ikke alle) nye, kristne, fundamentalistiske grupper opererer også inden for rammerne af et etos, i hvilket det at give afkald på verden er fremherskende. Tilhængere af disse religioner opgiver typisk moderne, materielle, vestlige værdier. De kunne antage en kollektiv og måske endda en livsstil med fællesskabstænkning, og i nye religioner, som er af orientalsk herkomst, antager tilhængere typisk det, der for vesterlændinge er fremmede begreber. De kunne i nogle tilfælde lære et orientalsk sprog til tilbedelse og giver afkald på vestlige sæder og skikke og aftaler til fordel for andre tabuer og påbud, der påvirker seksualitet, socialt samkvem, kost og selv at gå med dragt. The International Society for Krishna Consciousness (Hare Krishna-bevægelsen) er måske den mest iøjnefaldende bevægelse af denne type, men nogle af de samme træk kan findes i Divine Light Mission og, selvom den påstår at være kristen, i Unification Church (the Moonies).

Nogle bevægelser, der giver afkald på verden, har tendens til i denne orienterings natur at være "totalistiske", det vil sige, de har tendens til at forvente, at deres tilhængere vil give dem selv fuldt og helt til deres tro og gøre det til et fuldstændigt engagement, idet de ordner alle områder af deres liv i overensstemmelse med den tro, de har antaget. Det bringes selvfølgelig nemmest i stand, hvor bevægelsen forventer tilhængere antager et kollektivt livsmønster. I mange henseender har et sådant krav en tæt analogi til det, der kræves af medlemmer af klosterordener (det være sig kristne eller buddhistiske). Der er religioner, der giver afkald på verden, når lige undtages at gøre sig til talsmand for fuldkommen adskillelse fra det bredere samfund, som kollektiv livsførelse opnår. Disse bevægelser tilvejebringer generelt et forståeligt og ofte komplekst system af metafysik, inden for hvilket deres indviede ledes til at finde intellektuelle svar på spørgsmål vedrørende den endelige mening og formålet med livet. Ikke sjældent kan de mere avancerede niveauer i metafysiske lærer være hemmelige og kun tilgængelige for helt indviede. Religioner af denne slags omfatter teosofi, antroposofi og gurdjieffisme. Det mystiske element forebygger måske ikke altid aktiviteter for socialt udbytte, selv hvis et element af social tilbagetrækning dog også er synligt: uddannelsesfaciliteter for vanføre børn videreført af antroposofikerne udtrykker så glimrende det punkt.

BEKRÆFTELSE AF VERDEN I NYE RELIGIONER

Religioner, der bekræfter verden, støder på intolerance, selvom de i det store og hele tenderer til at støtte oplyste, verdslige værdier. Til trods for deres generelt positive orientering til verden kunne de også have en mission om at fremme social reform specielt i de områder af livet såsom sundhedspleje, uddannelse og religionsfrihed, som er fokus i deres egne karakteristiske værdier. Det afgørende punkt i oppositionen, som de støder på, er, at denne slags religion bliver præsenteret som i sig selv et middel til at erkende fordele af den slags, der er forbundet med dagligdags succeser, i sundhed, kompetence, arbejdseffektivitet, anvendt intelligens og sandsynligvis selv i velstand – i al almindelighed en bedre oplevelse af livet i verden.

For traditionalister bliver sådanne ting betragtet som for jordiske til at være passende anliggender for religion – derfor den anklage at bevægelser af denne type "overhovedet ikke er religioner". Disse religioner opgiver almindeligvis de traditionelle og emotionelle aspekter i mainstream-kristendom. De er kendetegnet ved en mere systematisk og rationel tilgang til det åndelige og ser kontinuitet mellem åndelig viden og hverdagens forbedring af personlige forhold. Som forskellige religioner anvender de selvfølgelig forskellige teknikker til at frigøre åndelige energier og forklare deres succeser i forskellige udtryk og med henvisning til deres egen lære. Men sociologisk set og helt sikkert ud fra perspektivet religionsfrihed og menneskerettigheder tilbyder disse religioner folk en markant fortolkning af liv og ånd. De påberåber sig almindeligvis en pragmatisk sanktion, når de tilbyder en metode til at opnå højere, åndelige stader, hvis effekt kommer til udtryk i praktiske dagligdags psykiske og materielle goder.

Nogle af de tidlige eksempler på verdensbekræftende religioner benyttede et kristent overblik udtrykt til at fremlægge deres orientering – Christian Science og forskellige New Thought-grupper såsom Unity og Divine Science er eksempler. Nyere religioner, som vi kunne regne som verdensbekræftende, stammer ikke fra den kristne tradition. Blandt sådanne kunne Scientology muligvis inkluderes, selvom der i andre tilfælde er en verdensbekræftende orientering afledt fra orientalsk religion som i tilfældet med Soka Gakkai (nichiren-buddhisme) og transcendental meditation af Maharishi. ∎

XXV

ETOS I SAMTIDIGE NYE RELIGIONER

DE SENESTE ÅRTIER HAR SET VÆKSTEN I ANTALLET AF BÅDE verdensbekræftende religioner, og religioner der giver afkald på verden (og af andre mindre umiddelbart kategoriseret i disse brede, dikotome udtryk). De religioner, der giver afkald på verden, er opstået i protest mod, hvad de har haft tendens til at se som den voksende materialisme, konsumerisme og hedonisme i vestlige samfund. Nogle af dem skylder deres orienteringer til kristendommens asketiske tradition, andre har fundet et vist slægtskab med miljøhensyn, atter andre har trukket på det samme humørklima, som gav anledning til "hippie"-kulturen i 1960'erne. I kontrast manifesterer verdensbekræftende orienteringer stærk kontinuitet med ny verdslig kultur og med nogle af de ændrede karakteranlæg, der er synlige i det tyvende århundredes kristendom. Da religiøse anliggender er skiftet fra fordybelsen i livet efter døden, som var det dominerende fokus i kristendommen i de foregående århundreder, således har også nye religiøse bevægelser lagt vægt på idéen om frelse i denne verden og i den nuværende livstid. Livsforbedring, stræben efter lykke, virkeliggørelsen af menneskeligt potentiale er blevet respektable mål, som støttes vidt og bredt, og det er ikke overraskende, at de nye religioner skulle have valgt dem. I en verden med knaphed, naturkatastrofer, hungersnød og teknologi på lavt niveau var religiøs askese en passende etik. Det supplerede behovene i et produktionssamfund, i hvilket hårdt arbejde og lavt udbytte skulle accepteres, i hvilket fornøjelse skulle udsættes (ofte til et antaget liv efter døden) således, at kapital kunne akkumuleres. Men i et samfund orienteret til forbrug, i hvilket teknologi har frembragt større forventninger om rigdommen og fordele, der skal opleves, ville en asketisk etik køre modsat behovet for at få folk til stive økonomien af ved at forbruge, ved at søge underholdning og materielt velbefindende. Ligesom kristendommens traditionelle askese blev forældet, så kom orienteringerne i nye mønstre for religiøs åndelighed til at afspejle den nye sociale etos. Den moderne valuta, hedonistiske værdier i verdslige samfund, er i stigende grad blevet afspejlet selv i mainstream-religion. Optimismen og vægten på ubegrænset nytte, som er drøftet indgående uden for mainstream af Christian Science, blev fulgt op inden for de større trosretninger ved fortalere for positiv tænkning af Norman Vincent Peale, en protestant, ved Monsignor Fulton Sheen, en katolik, og ved rabbiner Joshua Liebman. De seneste årtier har set udviklingen af velstandsteologi som en legitimering af det udbytte, som kristne burde forvente af religion. Psykologiske teknikker til øget selvkontrol, selverkendelse, selv-forbedring, livsforbedring og et større anlæg for åndelig berigelse er blevet del af repertoiret i mange religiøse bevægelser, i takt med at samfundet er gået bort fra godkendelse af synd-mættede teologier, der engang var det centrale tema for kristen lære. ∎

XXVI
RELIGION OG MORAL

LIGESOM NOGLE AF DE NYE RELIGIONER HAR STØTTET FORBRUGER-samfundets nye etos, idet de anerkender stræben efter lykke i dette liv som et virkeligt legitimt mål for menneskeheden, således har de i et rimeligt forhold til det fremsat et ændret forhold mellem åndelig livsførelse og moralske anvisninger. Det er en af facetterne i forandring i religion, med hvilken myndighederne og meget af den almindelige offentlighed, stadig fanget i tidsforskydningen i traditionel kristen, moralsk tankegang, endnu ikke er kommet helt overens med. Det må dog være indlysende, at forskellige religioner har opretholdt meget forskellige arrangementer i retning af regler for holdning. Religioner har varieret meget i naturen af de moralske regler, de har foreskrevet i kraften og konsekvensen af kravene for deres anvendelse, og i strengheden af sanktionerne der er knyttet til dem. I ortodoks judaisme styrer regler detaljerne i ritualet og mange tilfældige ting i dagliglivet, som er fuldstændigt ureguleret i for eksempel kristen tradition. I islam påvirker religiøse regler forskelligartede situationer og tilvejebringer et system af lovlige regulativer for samfundet, som til tider etablerer langt strengere social kontrol, og til andre tider mere afslappet end man møder i kristendommen. Derfor påberåber Koranen sig at opretholde på den ene side de alvorlige straffe, der stadfæstes for forbrydelser under sharialov, og på den anden side de relativt afslappede muligheder for at mænd tager op til fire koner og den lethed, hvormed de kan få skilsmisse.

Theravada-buddhisme giver en yderligere kontrast. Her er der forskrifter for munke, mens nogle få generelle regler er pålagt lægfolket. En buddhist lægmands pligt er ikke at slå ihjel, at stjæle, at lyve, at begå urigtige, seksuelle handlinger eller at drikke stærke drikke. Ud over dette tilbød Buddhaen moralske råd vedrørende opgaver i husstanden, opførsel over for venner og omsorg for ens ægtefælle, men de er formaninger om det, man kunne kalde sund, social fornuft. Personen bliver opfordret til at være klog og forsigtig, sparsommelig, arbejdsom, at være retfærdig over for tjenere og som venner vælge dem, der kunne afholde ham fra uret og tilskynder ham til ret adfærd. Sådanne dyder pålægges dog som oplyst egenkærlighed; de er ikke garanteret af et begreb om synd, sådan som det diskuteres i kristendommen. Ignoreren af disse dyder tiltrækker ikke specielle straffe bortset fra i betydningen at skabe dårlig karma. Religionen foreskriver ingen andre sanktioner, og der er ingen vred guddom. Eftersom handlinger anses at bestemme status i en fremtidig inkarnation, er gode handlinger tilrådelige som værende i overensstemmelse med oplysningens ottefoldige sti, da de vil føre til genfødsler i bedre omstændigheder, og formentlig til den endelige transcendens af alle genfødsler og opnåelsen af nirvana. Selvom buddhismen bestemt underviser i etiske værdier, får individet betragtelig frihed i sin moralske holdning, og den er hverken genstand for den moralske censur ej heller truslerne, med hvilke den kristne moral bliver forstærket. I andre samfund stammer moralske regulativer ikke fra bestemte religiøse rødder: for eksempel den konfucianske etik og samuraikodeks kunne have informeret den moralske kvalitet i japansk samfund så fuldstændigt som eller mere fuldstændigt end de forskellige skoler for mahayana-buddhisme, som virker i Japan. Man må konkludere, at der er intet normalt forhold mellem et system af religiøse doktriner og en moralkodeks. Forbindelsen religion og moral i kristendommen, de mekanismer hvormed moralsk opførsel pålægges, og konsekvenserne det forudsiger for brud på dens moralske regler, udgør et slægtskabsmønster, men et sådant mønster er ikke typisk for andre religiøse systemer, og det kan ikke antages, som medlemmer af kristne grupper nogle gange er blevet gjort tilbøjelige til at antage, at være en nødvendig eller overordnet model med hvilken andre arrangementer skal bedømmes.

KRISTENDOMMENS MORALSKE ARV

Rollen som moralsk lære i traditionel kristendom står i skarp kontrast til det, der findes i andre større religioner. Blandt dens forskellige niveauer af etiske formaninger er inkluderet en udførlig kodeks med forbud, hvis overtrædelse strafforfølges som synd. Den tidlige judaismes grundlæggende bud med hensyn til større forseelser, af den slags der er fælles for adskillige religiøse traditioner, blev forstørret i kristendommen gennem fordringsfulde anvisninger af en mere detaljeret karakter i særdeleshed med hensyn til seksualitet og det både fra Jesus og Paulus. Der var også perfektionsråd af en måske uopnåelig slags ("Vær Eder derfor perfekt": og mere specifikt krav om at man elsker sine fjender; tilgive andre "halvfjerds og syv" gange; at man "vender den anden kind til", "bekymrer eder ikke for den dag i morgen" osv.). Opfattelsen af synd blev central for den kristne moralkodeks. Mennesket blev ifølge sagens natur antaget at være syndigt, og de fleste af dets naturlige ønsker, dets søgen efter tilfredsstillelse, opfyldelse, nydelse og selv dets egen livsforbedring i denne verden skulle ufortøvet ses som syndigt eller som førende til synd. Fra dets iboende syndighed kunne kun den eksemplariske dyd og overmenneskelige ofring af Kristus frelse det.

Det ville derfor skylde en gæld til Kristus, der, uanset hvad det gjorde, ikke rigtig kunne betale tilbage. Som synder, selv hvis angrende og frelst af Kristus, ville det bære en permanent skyldsbyrde. Skyld var i sandhed den mekanisme, som opretholdt hele den moralske økonomi. Institutionen personligt skriftemål, udviklingen af en detaljeret procedure for bodsøvelser og senere det detaljerede, middelalderlige begreb skærsilden, er bevis på den strenghed, med hvilken kirken betragtede synd, og hvor langt den gik for at indpode skyldsfølelser. De krampagtige raserianfald i middelalderen med selvpiskning indikerer, hvor langt den skyldsfølelse var trængt ind i bevidstheden hos de mere gudfrygtige blandt lægfolkene. Selv i dag er selvpiskning langt fra ukendt i nogle organisationer inden for den romerskkatolske kirke. I det at udtale sig energisk imod synd indså den katolske kirke ikke desto mindre også menneskehedens iboende skrøbelighed og skaffede plads til den i institutionen skrifte, som fungerede som en indretning til at dulme et vist mål af skyld. Protestantisme, i modsætning til det der afviste en sådan mekanisme til lindring af skyldfølelser, blev specielt i dens calvinistiske udtryk et mere undertrykkende system, hvor det krævedes af de, der stilede efter at være den af Gud udvalgte, at de overhovedet ikke måtte synde. Til at intensivere synderes personlige kvaler tilskrives calvinisterne at have udviklet et teologisk system og en doktrin om frelse, som førte til mere intens internalisering af moralkontrol og til forbedret samvittighedsdannelse.

Først i det nittende århundrede begyndte den kristne optagethed af synd at aftage betydeligt. Langsomt og sindigt i løbet af det århundrede trådte kristen interesse i helvede og den evige fortabelse i baggrunden, men på dette tidspunkt havde verdslig moral og kravet om borgerlige anstændighedsbegreber opnået en autonom indflydelse i det offentlige liv. I det tyvende århundrede blev alvorligheden i de moralske krav i den forrige periode stadig dulmet, indtil i 1960'erne hvor de tidligere moralske ufriheder især på området seksuel adfærd gav plads til moralsk eftergivenhed. Processen blev måske lettet gennem udviklingen af fødselskontrol-teknikker, og gennem skiftet i mange andre af livets sfærer fra afhængighed af moralske ufriheder til teknologisk kontrol. Det er derfor tydeligt, at den postulerede model for slægtskab mellem religion og moral er et, der langt fra har været konstant selv i tilfældet kristendom. Dette mål for foranderlighed opstår heller ikke udelukkende med ændringer, der finder sted over tid. Det kunne også eksemplificeres blandt samtidige trosretninger.

De moralske holdninger, der findes blandt nutids-evangelister, manifesterer fortsat en stærk interesse i personlig synd på mange adfærdsområder, men selve idéen om synd er næsten kommet til at blive betragtet som forældet af mange liberale kirkefolk, af hvilke mange anklager manglerne i det sociale system som ansvarlig for individers vildfarne adfærd. Nogle af disse liberale kirkemænd afviser fuldstændig påstandene om en absolut moralkodeks og foretrækker at hellige sig situationsetik, bibetydningerne af hvilken ofte radikalt må komme i konflikt med de optagne traditionelle, kristne, moralske forskrifter. En anden helt anderledes orientering møder man i Christian Science, hvor synd blot betragtes som fejl, der stammer fra en falsk opfattelse af realitet, og som sammen med sygdom kunne elimineres, som tilhængere af Christian Science tror, gennem en ændring fra materielle til åndelige måder at tænke på. Givet denne mangfoldighed af opfattelser af synd inden for moderne kristendom og de meget varierede moralske dispositioner, der kan findes der, er det klart upassende at forvente at finde det afspejlet i nye religioners moralske formaninger, som angiveligt ligner dem i kristne kirker.

Nye religioner er opstået i en epoke meget forskellig fra den, som kristne trosretninger dukkede op og blev dannet i. Samfundet i sig selv er radikalt anderledes, og dets sociale, økonomiske og frem for alt teknologiske omgivelser er genstand for dybtgående og accelererende forandring. Det folk ved, det de ønsker, og området for deres personlige ansvar er i bund og grund en anden type på en anden skala end normen for forgangne århundreder. Nye religioner skal, hvis de skal tiltrække de tilhængerskarer, de tiltrækker, nødvendigvis undlade at tilpasse sig traditionelle stereotyper. Det gør dem ikke mindre religiøse. ■

"New religions—and all religions were new at some time— are likely to ignore or to jettison some of the traditional practices and institutions of older and established faiths. They are all the more likely to do so if they arise in periods of accelerated social and technical development when the life-patterns of ordinary people are undergoing radical change, and when assumptions about basic institutions—family, community, education, the economic order—are all changing."

XXVII

HVORDAN SKAL EN RELIGION SE UD?

R ELIGIØSE ANSKUELSER OG DERES MEDFØLGENDE MORALVÆRDIER finder normalt plads indenfor organisatoriske strukturer, faste procedurer og deres udtryk i særlige symboler. I vestlige samfund er formerne på kristne institutioner blevet så godt etableret, at det ofte er nemt selv for verdsliggjorte lægfolk, at antage at en religion skal have analoge strukturer og symboler, som dem kristendommen har. Modellen for den særskilte bygning til tilbedelse, en stabil menighed der tjenes af et fastboende præsteskab, som har bemyndigelse til at mægle eller rådgive, er alle ting, for hvilke sidestykker er forventet af andre religioner. Men selv et flygtigt overblik skal gøre det klart, at religion ikke behøver at ligne denne model. De større religioner i verden manifesterer et udvalg af forskellige arrangementer fra på den ene side præstevæsen, praksissen ofring og sakramentalisme med gavmild brug af hjælpemidler til troen (såsom røgelse, dans og billedrigdom), til på den anden side passioneret askese og særlig afhængighed af verbalt udtryk og bøn.

Man kunne støde på begge yderpunkter indenfor en større tradition i hinduisme eller kristendommen, mens islam i dets ortodokse udtryk er mere ensartet asketisk – dets ekstatiske manifestationer opstår i ydergrupperne.

Religiøs tilbedelse varierer meget i form og hyppighed blandt de forskellige religioner. Det har forskellige betydninger og tager en markant form i ikke-teistiske systemer såsom buddhisme. Eftersom der ikke er nogen transcendent guddom, er der ingen pointe i påkaldelse, intet sted til tilbedelse, intet behov for udtrykkelse af afhængighed, ydmyghed og underdanighed, intet formål i proklamationer af prisen – som alt sammen danner en del af kristen tilbedelse. Dog er moderne kristen tilbedelse i sig selv et produkt af en lang udviklingsproces.

Den jødekristne tradition har ændret sig radikalt over århundrederne. Gammeltestamentlige krav om dyreofring til en hævngerrig gud er fjernt fra den fromme praksis i, lad os sige, det nittende århundredes mainstream protestantisme. Udskiftningen af messen med metrisk salmesang af populære hymner gav et helt anderledes udseende til kristen tilbedelse i løbet af et par århundreder. I dag er begrebet en antropomorf Gud aftaget i kristendommen, og fra det synspunkt i moderne teologi er moderne kristen tilbedelse, i hvilket antropomorf billedrigdom er i overflod, klart anakronistisk. Det kan næppe være overraskende, at nogle moderne trosretninger, aflastet af gamle traditioner (hvori patinaen af antikken let forveksles med auraen af hellighed) burde have reduceret om ikke helt opgivet spor af fortidens antropomorfisme. Lige bortset fra sådanne evolutionære trends er der dog rigelig mangfoldighed blandt kristne trosretninger til at etablere den pointe, at enhver generalisering, af hvad tilbedelse indebærer, forråder den mangesidede mangfoldighed i religion i dagens verden.

Derfor udviklede den romerske kirke den omfattende brug af auditiv, visuel og olfaktiv fornemmelse i troens tjeneste. Katolsk liturgi, selvom den afsværger brugen af dans og rusgifte, som er blevet brugt i andre religioner, har udførlige ritualer, sakramenter og messeklæder, en stor rigdom af symbolisme og et væld af ceremonier, der markerer kalenderen og kirkens hierarki og overgangsritualer for enkeltpersoner. I skarpeste kontrast til katolicisme står kvækerne, der afviser ethvert begreb om et præsteskab, enhver vedtagelse af ritual (selv af ikke-sakramentale, rituelle erindringsmønstre som er almindeligt i nogle af de protestantiske trosretninger) og brugen af billedrigdom og messeklæder. Eftertryk på tilstrækkeligheden og kompetencen i læg-præstationer, at afvisningen af det sakrale, hvad enten det er bygninger, steder, kirkehøjtider eller ceremonier og sådanne hjælpemidler som talismænd og rosenkranse, er i større eller mindre omfang karakteristisk for protestantisk religion. Evangelister afviser idéen om et præsteskab, og kvækere, Brethren, kristadelfianere og folk fra Christian Science fungerer uden et betalt præsteskab.

Selvom de fleste protestantiske trosretninger bibeholder en bryde brødet-ceremoni, de udfører det så ofte som en mindehandling i lydighed til skriften, og ikke som en handling med nogen reel kraft. Selvom forskellige handlinger derfor i nogle tilfælde har lignende formål, i andre tilfælde som med at bryde brødet får en tilsyneladende lignende handling, i overensstemmelse med en trosretnings lære, en særegen betydning. Hvor guddommen som i Christian Science betragtes som et abstrakt princip, tilbedelseshandlinger, som selvom de har et velkendt religiøst formål at bringe den troende på bølgelængde med et guddommeligt sind, får en helt anderledes sammensætning end påkaldelsespraksisserne i trosretninger, der bibeholder et antropomorft syn på guddom.

Nye religioner – og alle religioner var nye på et eller andet tidspunkt – er tilbøjelige til at ignorere eller at befri sig for nogle af de traditionelle praksisser og institutioner de ældre og etablerede trosretninger har. De er alle mere tilbøjelige til at gøre det, hvis de opstår i perioder med voksende social og teknisk udvikling, når livsmønstret hos almindelige folk undergår radikal forandring, og når antagelser om grundlæggende institutioner – familie, samfund, uddannelse, den økonomiske orden – alle forandrer sig.

I et mere dynamisk samfund, med mere og mere upersonlige sociale forhold, indflydelsen fra nye kommunikationsmedier og en større udbredelse af alle mulige slags information og viden, kan den øgede mangfoldighed af religiøse udtryk fuldtud forventes. Det er usandsynligt, at nye religioner i vestlige samfund finder sympatiske strukturer i de kirker, der opstod for to, tre, fire eller femten eller flere århundreder siden. At tilbyde et eksempel, givet den moderne befolknings intensiverede grad af social, geografisk og daglig mobilitet, ville det ikke være passende at antage, at nye religioner ville organisere sig menighedsmæssigt som stabile og statiske grupper.

Andre kommunikationsteknikker har afløst prædikestolen og trykpressen, og det ville være overraskende, i dette aktivitetsområde som i andre, hvis nye religioner ikke skulle omfatte de forbedrede muligheder i den tidsalder, de dukker op i. At de gør ting helt anderledes end det traditionelt klichéagtige i religion, at de kigger udenfor vestlige samfund for deres legitimation, eller at de benytter sig af nye teknikker til åndelig oplysning, diskvalificerer dem ikke som manifestationer af menneskelig religiøsitet. ∎

XXVIII

AFSLUTNINGSVIS

LIGESOM AKADEMIKERE ER KOMMET FREM TIL AT ERKENDE VOR TIDS mangfoldighed blandt religioner i dagens samfund, hvis fundamentale menneskerettigheder til religionsfrihed og praksis derfor skal opretholdes, bliver det essentielt, at gamle klichéer for, hvad der udgør religion, bør opgives. I en kulturelt pluralistisk verden kunne religion, som andre sociale fænomener, antage mange former. Hvad, der præcis er en religion, kan ikke bestemmes ved benyttelsen af begreber, der er hentet fra en hvilken som helst bestemt tradition. Kun en højere grad af abstraktion, overordnet hver enkelt kultur og hver enkelt religion, kan inden for en referenceramme rumme omfanget af mangfoldighed af egentlige religiøse bevægelser. Ligesom de konkrete fænomener i en bestemt religion ikke kan tillades at diktere den nødvendige stil for andre trosretninger, har det benyttede sprog også behov for, så vidt det er muligt, at være ubesudlet af specifikke kulturelle bibetydninger. Det er med dette formål, og i lighed med transaktioner vedrørende religioner, at den mulige opgørelse, der er opstillet ovenfor [sektion 11], blev fremsat. Kun med en sådan plan, bevidst konstrueret både til at erkende religions evolutionære karakter og at indordne de forskellige tankefacetter og praksis under uafhængige kategorier, er det sandsynligt, at den store variation i samtidig religion vil få den overvejelse, der tilkommer den. ■

147

APPENDIKS

OM FORFATTEREN

Bryan Ronald Wilson (25. juni 1926-9. oktober 2004) er Reader Emeritus (universitetslektor emeritus) i sociologi på universitetet i Oxford. Fra 1963 til 1993 var han også en Fellow of All Souls College, og i 1993 blev valgt som Emeritus Fellow.

I mere end fyrre år har han stået for forskning i mindretals religiøse bevægelser i Storbritannien og i udlandet (i USA, Ghana, Kenya, Belgien og Japan blandt andre steder). Hans arbejde har involveret at læse publikationerne fra disse bevægelser og, hvor det er muligt, at omgås deres medlemmer på deres møder, ved gudstjenester og i deres hjem. Det har også medført vedvarende opmærksomhed på og kritisk vurdering af andre akademikere.

Han er indehaver af graden B.Sc. (Econ) og ph.d. fra University of London og M.A. fra University of Oxford. I 1984 anerkendte University of Oxford værdien af hans udgivne arbejde ved at tildele ham doktorgraden i litteratur. I 1992 tildelte det katolske universitet i Louvain, Belgien, ham graden Doktor Honoris Causa. I 1994 blev han valgt som Fellow of the British Academy.

På forskellige tidspunkter har han haft følgende yderligere udnævnelser:

Commonwealth Fund Fellow (Harkness Foundation) ved University of California, Berkeley, USA, 1957-58;

Gæsteprofessor, University of Ghana, 1964;

Fellow of the American Counsel of Learned Societies ved University of California, Berkeley, USA, 1966-7.

Forskningskonsulent for Sociology of Religion ved University of Padua, Italien, 1968-72;

Gæstemedlem af The Japan Society, 1975.

Gæsteprofessor, The Catholic University of Louvain, Belgien, 1976; 1982; 1986; 1993;

Snider Visiting Professor, University of Toronto, Canada, 1978.

Gæsteprofessor i Sociology of Religion, og Consultant for Religious Studies ved Mahidol University, Bangkok, Thailand, 1980-1;

Scott Visiting Fellow (gæsteforsker), Ormond College, University of Melbourne, Australien, 1981.

Gæsteprofessor ved universitetet i Queensland, Australien, 1986.

Meget anerkendt gæsteprofessor, University of California, Santa Barbara, Californien, USA, 1987;

I årene 1971-75 var han formand for Conférence Internationale de Sociologie Religieuse (den verdensomspændende organisation for disciplinen), i 1991 blev han valgt som æresformand for denne organisation nu kaldet Société Internationale de Sociologie des Religions.

Rådsmedlem for Society for the Scientific Study of Religion (USA) 1977–79;

I adskillige år europæisk medredaktør af Journal for the Scientific Study of Religion;

I seks år var han medredaktør på The Annual Review of the Social Science of Religion.

Han har holdt mange foredrag om religiøse mindretalsbevægelser i Britannien, Australien, Belgien, Canada, Japan og USA og lejlighedsvis i Tyskland, Finland, Frankrig, Holland, Norge og Sverige.

Han er blevet indkaldt som ekspertvidne i sekter til domstole i Britannien, Nederlandene, New Zealand og Sydafrika og har givet bevis i form af beediget skriftlig erklæring til domstole i Australien og Frankrig. Han er også blevet bedt om at afgive skriftligt vidnesbyrd som ekspert om religiøse bevægelser til underhusets parlamentariske komité for indre anliggender.

Blandt andre værker har han udgivet ni bøger helliget helt eller delvist religiøse mindretalsbevægelser:

Sects and Society: the Sociology of Three Religious Groups in Britain, London: Heinemann and Berkeley: University of California Press, 1961; genoptrykt, Westport, Conn., United States; Greenwood Press, 1978;

Patterns of Sectarianism (redigeret) London: Heinemann, 1967;

Religious Sects, London: Weidenfeld and Nicholson; New York: McGraw Hill, 1970 (også udgivet som oversættelse på fransk, tysk, spansk, svensk og japansk);

Magic and the Millennium, London: Heinemann, og New York: Harper and Row, 1973;

Contemporary Transformations of Religion, London: Oxford University Press, 1976 (også udgivet som oversættelse på italiensk og japansk);

The Social Impact of the New Religious Movements, (redigeret) New York: Rose of Sharon Press, 1981;

Religion in Sociological Perspective, Oxford: Clarendon Press, 1982 (også udgivet oversat til italiensk; japansk oversættelse under udarbejdelse);

The Social Dimensions of Sectarianism, Oxford: Clarendon Press, 1990;

A Time to Chant: the Soka Gakkai Buddhists in Britain, [med K. Dobbelaere] Oxford: Clarendon Press, 1994 (japansk oversættelse under udarbejdelse).

Han har også bidraget med mere end 25 artikler om religiøse mindretalsbevægelser til redigerede værker og akademiske tidsskrifter i Britannien, USA, Frankrig, Belgien, Tyskland, Nederlandene og Japan. Han har leveret artikler til Encyclopaedia Britannica; the Encyclopedia of the Social Sciences; the Encyclopedia of Religion og er nu ved at udarbejde et bestilt bidrag til Enciclopedia Italiana. ∎

www.ingramcontent.com/pod-product-compliance
Lightning Source LLC
LaVergne TN
LVHW051300200726
843510LV00010B/1213